# 불교의 선악론

# 차례
## Contents

# 프롤로그

불교의 핵심은 선의 실천에 있다. 윤리를 뺀 불교는 존립할 수도 없거니와 무의미하다. 열반도 윤리를 의미한다. 열반은 마음의 상태로서 '탐욕(貪), 성냄/미워함(瞋), 어리석음(癡)이 없는 청정심의 자애의 성품의 완성'을 의미하는데, 이것이 바로 불교윤리의 중심이며 목적으로서 자유를 의미한다. 그런데 흔히 윤리를 계율이나 규범쯤으로 생각하며 윤리를 구속이라고 여긴다. 또한 윤리는 예비적인 것이며 주변적인 것이어서, 열반을 위해 초월되어야 하는 것으로 본다. 이는 불교와 불교윤리에 대한 큰 오해이다.

이 책은 불교에서 보는 선이 무엇이며 그것을 어떻게 실천할 수 있는가, 그리고 불교도덕의 핵심과 속성은 무엇인가에 대해 설명한다. 더불어서 이 책은 불교에서 제시하는 구체적 선실천의 덕목들, 그리고 도덕의 출처와 작용방식으로서 마음과 업에 대해서 설명한다. 그런데 불교의 선악관은 도덕의 속성에 대해 통찰했던 니체Nietzsche의 입장과 상통하는 부분이 있기에, 이 책은 도덕에 대한 그의 생각의 일부를 성찰하는 것으로부터 시작한다.

이 책의 내용을 간추리면 다음과 같다. 불교는 도덕 또한 인간의 입장을 반영하는 마음의 산물이라고 보고 있다는 점에서 '도덕은 객관실재가 아니라 현상에 대한 인간(특정 집단)의 해석'이라고 본 니체의 입장과 상통한다. 또한 선악이 둘이 아니라 연관된 하나라고 본 점에 있어서도 양자간에 유사성이 있다. 물론 불교와 니체 간 이질성 또한 크다. 불교도덕은 선을 추구하는 마음의 능력을 원동력 삼아, 선의 원천이 되는 무탐진치無貪瞋癡(탐욕·성냄/미워함·어리석음이 없는 마음)/심청정心淸淨의 상태를 구현하고자 한다. 대표적인 선악의 기준으로서는 탐진치의 유무가 제시되며, 무탐진치의 심청정 상태는 선의 원천으로 간주된다. 심청정은 초기불교에서는 여섯 감각(六根) 활동의 수호(六根守護), 경계 없는/한량없는 자애慈愛, 혹은 네 가지 한량없는 마음(四無量心) 등으로, 대승불교에서는 보리심으로 설명될 수 있다. 선은 신身·구口·의意를 통한 업/행위로 표현되는데, 표현의 방법으로서 다양한 실천덕목군들이 제시된다. 업/행위는 성향/기질(行)로도 이해될 수 있으며, 이때 행위는 마음이나 습관으로부터 분리되지 않고 이들과 함께 하나로서 기능한다. 어떤 의미에서 업은 마음씀이며 습관이다. 모든 행위에는 과보가 따르므로 행위에 따른 선인선과 악인악과善因善果 惡因惡果의 인과법칙이 행위/업의 법칙이 된다. 선/덕목들의 실천, 타자/뭇 생명체와 관계 맺고 이들을 대하는 방식, 혹은 경계 없는/한량없는 자애를 실천하는 데 있어서, 기본지침은 역지사지易地思之와 자리이타自利利他이다. 자애를 실천한다는 것, 특히 가장 구체적 수준에서 자애를 실천한다는 것은 이 두 지침을 실천하는 것이다. 즉, 내가 존중받고 싶은 것처럼 타자/뭇 생명체를 존중하고(역지사지), 자신과 타자/뭇 생명체를 동등하게 이롭게 하는 방식으로 행위하는(자리이타) 것이다. 그런데 무탐진치의 심청정 혹은 경계없는/한량없는 자애의 구현은 일회적인 행위의 문제가 아니라 성품의 문제이다. 신구의를 통하여 도덕적일 수밖에 없는 성품을 형성하는 것이다. 신구의를 통해 자애로울 수밖에 없는 성품이 선구현의 완성점인 것이다. 그리고 이것은 곧 열반/자유를 의미한다. 더 나아가서, 불교는 선의 속성에 대해 말하면서 선이 고정된 것이 아니라 공空하다고 한다.

어떤 윤리전통에서도 찾아보기 어려운 불교 선악관의 독특성은 다음의 두 가지이다. 첫째, 불교는 선에 있어서 마음의 역할을 강조한다. 둘째, 불교는 선(악)이 공空하다고 본다. 선은 마음의 문제여서 공하기도 하고, 선은 공하기 때문에 마음의 문제이기도 하다.

선에 대한 마음의 역할과 관련하여 불교는 세계가 마음에서 비롯된다고 하듯이, 선 또한 마음의 문제라고 본다. 선이 주관적인 것이며 그 객관적 근거가 없다는 점에서 마음의 문제인 것이 아니라, 도덕의 발생, 도덕의 실천, 그리고 도덕의 완성의 중심이 마음에 있다는 의미에서 선은 마음의 문제인 것이다. 예컨대 '모든 악행을 끊고 뭇 선을 받들어 행하며 스스로 마음을 청정히 하는 것, 이것이 여러 부처의 가르침이다(諸惡莫作 衆善奉行 自淨其意 是諸佛教)'라고 칠불통계七佛通戒에도 명시되어 있듯이, 불교윤리의 관건은 마음을 청정히 하는 것이라고도 할 수 있다. 마음과 연관되지 않는 선, 마음을 변화의 원천으로 삼아 마음을 그 배양의 토대로 보지 않는 선은 껍데기일 뿐이다.

불교가 선악을 공하다고 할 때, 그것은 선과 악이 없다는 의미에서 공하다는 것이 아니다. 선악은 고정적인 것도 아니고 절대적으로 구분되어 있는 것도 아니다. 선악은 연속적이고, 상호규정적이고, 상황의존적이다. 그러한 의미에서 선악은 공하다.

선악이 연속적이라는 것은 선악이 절대적으로 이분되어 있지 않다는 것이다. 선이 아니면 악이고, 악이 아니면 선인 것은 아니다. 9·11 테러 이후 미국 대통령 부시가 '우리 편이 아니면 모두 테러리스트(Either you are with us or you become a terrorist)'라고 한 것은 선악이분의 단적인 예이다. 그러나 불교적 관점에서 보면 선악은 선이 아니면 악인 것이 아니다. 선악은 이분적인 것이 아니라 연속적으로 연결된 하나이다. 그래서 불교는 절대적 이분에 근거한 폭력·강제·배제의 윤리가 아니라, 평화·자율·포용의 윤리이다.

선악이 상호규정적이라는 것은 선으로 인하여 악이 있고, 악으로 인하여 선이 있다는 말이다. 불교에서는 이를 밝음(明)과 어둠(暗)에 비유한다. 선악의 존재방식은 밝음이 어둠으로 인하여 존재하고, 어둠이 밝음으로 인하여 존재하는 것과 같다는 것이다. 요컨대 선악은 각각 독립적으로 규정되는 것이 아니다.

선악은 시공간의 제약을 받아 상황 속에서 발생하는 것이다. 선악은 구체적 상황이나 맥락을 떠나서 있는 것이 아니다. 따라서 상황에 대한 이해와 고려 없이 특정 행동에 대하여 선하다거나 악하다고 단정적으로 말할 수 없다.

선악이 이처럼 공한 것이라면 절대적 선도, 절대적 악도 있을 수 없다. 그러니 선에 대해 집착할 수도 없고 악을 배제할 수도 없다. 선을 행하되 집착 없이 행하면서도 악을 배타하지 않고 껴안아야 한다. 그래서 악이 선이 되도록 이끌어야 한다. 번뇌를 보리로 치유하고 제도하듯이, 악은 선에 의해서 치유되고 제도 받아야 하는 것이다. 그래서 '악이 오면 선으로 제도하라(惡來善度)'고 한다. 악은 단죄의 대상인 것이 아니라 자비의 대상으로서 선 실천의 장소인 것이다. 그것은 자신의 윤리적 역량의 시험대이며 자신을 고양시키는 무대인 것이다.

# 선악을 넘어서

## 니체의 도덕방법론

   선악과 관련하여 서양의 주류 도덕철학자들이 지금까지 구명하려고 했던 중심문제는 다음의 두 문제라고 생각된다. 즉, '무엇이 선인가', 그리고 '선이 어떻게 정당화 될 수 있는가' 이 두 물음은 무엇이 도덕규범/도덕원칙이며, 그것이 어떻게 정당화 될 수 있는가에 관한 문제로서, 선험적으로든지 경험적으로든지 '선'이 실재한다는 것을 전제하고 있다. 그리고 그 선이 (오직) 이성에 의해서 파악될 수 있으며, (오직) 이성에 의해서 지켜질 수 있다는 것을 전제하고 있다. 이 물음 뒤에는 이성에 대한 신뢰가 전제되어 있다. 도덕은 그것이 규범 자체를 밝히는 데 초점이 있든지 아니면 그것을 지키는 데 초점이 있든지, 이성의 문제로 파악된 것이다. 정도의 차이는 있을지라도 이 물음은 고대로부터 현대에 이르는 모든 주류 윤리학자들 — 고대의 에피쿠로스와 스토아학파, 플라톤과 아리스토텔레스, 중세의 기독교 도덕, 근대 이후 공리주의자들과 칸트, 그리고 홉스와 홉스의 기본정신을 공유하고 있는 현대의 합리적 선택이론가들 — 의 주요과제였다.

전통적으로 주류 도덕철학자들이 이성에 근거하여 선의 구명과 그 정당성의 탐구에 몰두해 온 것과 달리 포스트모더니즘의 선구자 니체는 도덕의 문제를 이성의 문제로 보지 않는다. 그는 선이 이미 존재하고 있거나 존재해야 하는 것으로도 보지 않으며, 따라서 그것이 이성에 의해 정당화될 수 있다거나 정당화되어야 하는 것으로 보지 않는다. 그는 선을 밝히고 그 정당성을 구명하는 문제를 도덕학의 핵심과제라고도 보지 않는다. 대신에 도덕 계보학이라는 새로운 접근법을 통해 역사·문화적으로 다양하게 존재해 온 수많은 '도덕들'의 기원 내지는 연원을 밝히고자 한다. 그는 전통도덕이 형성·변화되어온 사회적·역사적·심리적 조건과 맥락에 대해 성찰함으로써 그것이 내포하고 있는 억압성과 기만성을 드러내고자 한다. 그래서 인간에게 도덕이 어떻게 부자유의 기제로 작용해 왔는지 밝히려고 한다.

따라서 니체가 설정한 문제는 '도덕이 무엇이고 그것이 어떻게 정당화될 수 있는가'가 아니다. 그가 탐구한 문제는 '소위 지금까지 도덕이라고 말해 온 것들 자체에 대한 메타적 물음'이다. 예컨대 도덕은 나에게 어떻게 내면화되었는가, 누구에 의해서 어떠한 과정을 거쳐서 선과 악으로 규정되었는가, 도덕에 내포된 심리적·정치적 기제는 무엇인가 등이다. 도덕 자체를 문제 삼는 니체의 이러한 메타적 접근은 당연히 전통도덕과 그 이론들에 대해서 비판적 성격을 띠게 된다.

이상과 같은 메타적·비판적 접근의 결과로 니체는 전통도덕—그것이 기독교 도덕이든지 소크라테스 이후 이성에 근거한 도덕이든지—이 인간의 자유정신을 억압하는 비도덕이라 규정한다. 니체에 의하면 전통도덕은 생명에의 자연적 발양욕구를 억압하고, 자유를 향상시키고자 하는 인간적 본능을 억압하기 때문에 극복되고 폐기되어야 한다. 전통적으로 미덕으로 간주되어 온 양심의 가책이나 죄의식, 겸손, 순결, 연민, 동정, 금욕주의, 자기희생, 이타주의 등은 노예도덕으로서 폐기되어야 하고, 그 자리에 새로운 도덕이 들어서야 한다.

이상과 같이 전통도덕을 대상화하고 문제시하는 니체의 도덕학 방법론과 그의 전통도덕에 대한 비판의 내용을 간략히 살펴본 것은 불교도덕의 관점에서 그의 주장의 의미를 생각해 보기 위함이다. 물론 이것이 위험스럽기는 하다. 왜냐하면 니체와 불교 사이에는 유사성뿐만 아니라 더 많은 상극성이 존재하기 때문이다. 니체의 주장에서 불교도덕과 관련하여 필자가 특히 주목하는 부분은 다음과 같은 두 가지 주장이다. 그 첫째는 '도덕은 인간이 만들어낸 것으로서 현상에 대한 해석일 뿐'이라는 주장이다. 그 둘째는 진정한 도덕의 회복을 위해서는 '선악을 넘어서'라는 주장이다.

'도덕은 인간에 의한 해석일 뿐'이라는 말과 '선악을 넘어서'라는 말은 서로 무관한 말이 아니다. 전자는 후자와 같이 말할 수 있는 한 가지 이유가 될 것이다. 왜냐하면 후자는 도덕이 절대적·고정적이 아니며 상대적·유동적임을 의미하기 때문이다. 즉, 도덕은 시대적·상황적·심리적 조건이라는 제약하에 살고 있는 '인간의' '인간에 의한' 해석의 산물로, 그것은 사람의 관점에 따라 달라지며 다양한 형태의 도덕/선악으로 나타날 것이기 때문이다. 도덕을 이렇게 이해한다면, 우리는 조건적으로 나타나는 특정의 선악을 절대화한다거나 거기에 집착하지 않을 것이고, 조건의 변화를 전제로 한 선악을 말하게 될 것이다. 더 나아가 특정한 한 가지 형태의 선악에 집착하지 않고 그것을 넘어서야 한다고 말할 수 있을 것이다.

도덕에 대한 이와 같은 두 가지 주장은 서로 상통하고 같은 목적을 지향한다고 생각되지만, 이해의 편의상 우선 이 두 가지 주장이 의미하는 바를 분리시켜 살펴보기로 하자. 그런 후에 이 두 입장이 불교의 도덕에 관한 입장과 어떻게 관련되어 있는지 생각해 보기로 하자.

### '도덕은 현상에 대한 해석일 뿐이다'와 불교

니체는 전통적으로 도덕철학자들이 가정해온 것과 달리 도덕이 인간과 무관하게 선험적으로 주어진 것도 아니고 불변의 법칙으로서 존재하는 것도 아니라고 본다. 도덕은 그 실재를 갖지 않는 하나의 현상, 그것도 인간 각자의 물리적·심리적 환경의 제약 속에서 해석된 현상일 뿐이다. 그것은 지각된 현상으로서 하나의 해석에 불과하다.

도덕적 현상이란 존재하지 않으며 현상에 대한 도덕적 해석만이 존재할 따름이다.[1]

여기에서 부정하고 있는 '도덕적 현상'은 보편·객관적인 도덕적 현상을 의미한다. 따라서 이 말은 보편·객관적인 도덕현상이 없다는 뜻이다. 대신에 존재하는 것은 특정의 관점하에서만 타당한 도덕적 현상, 즉 도덕적 해석이다. 도덕이라고 하는 것은 보편적인 것이 아니며, 특정 사회와 특정 시대라는 조건에 놓인 '누군가'의 도덕일 뿐이다.

더 나아가서 니체는 도덕적 사실이 없다고도 한다. 그래서 그는 우리가 도덕적 사실이 있다고 전제하고 이에 대한 도덕적 판단이 우리 손 안에 있다고 생각하는 것은 착각이라고 말한다. 도덕적 판단을 자기 수중에 쥐고 있다고 생각하는 도덕철학자들은 환상을 가진 자들이다. 도덕적 판단은 없는 실재를 전제해야 하는 종교적 판단과 마찬가지로 실재에 대한 무지에 속하며 그것은 '상상'의 일종이다. 지금까지의 모든 도덕 ─ 그것이 오랫동안 서구를 지배해 왔던 기독교 도덕, 이성에 근거한 도덕, 혹은 우리가 오늘날 상식의 도덕이라고 부르는 도덕이든지 ─ 은 존재하지도 않는 실재에 대한 환상이기 때문에, 그것들을 그대로 받아들여서는 안 된다.

철학자들에게 내가 바라는 것은 주지하다시피, 선악의 '너머'에 서라 ─ 도덕적 판단을 내릴 수 있다는 환상은 '짓밟아' 버리라는 것이다. 이러한 요구는 나에 의해 최초로 정식화된 하나의 통찰, 즉 '도덕적 사실이란 아무것도 없다'는 그 통찰에서 비롯된다. 도덕적 판단은, 존재하지 않는 실재를 믿는다는 점을 종교적 판단과 공유하고 있다. 도덕이란 어떤 특정한 현상에 대한 해석, 아니 좀 더 정확하게 말해 하나의 '그릇된' 해석에 불과하다. 도덕적 판단은 종교적 판단과 마찬가지로 실재의 개념도 모르는, 다시 말해 실재와 가상의 개념도 구분 못하는 무지의 단계에 속한다. 따라서 그러한 단계에서 '진리'는 오늘날 소위 '상상'이라고 불리는 것을 가리킬 뿐이다. 그러한 만큼 도덕적 판단은 결코 문자 그대로 받아들여질 수 없다.[2]

도덕 판단들의 이상과 같은 속성으로 인하여 그것들을 표현하는 도덕 언어들은 상징 언어로 읽혀져야 한다. 상징은 자기 자신을 드러내지 않으므로 은폐된 것을 찾아내야 한다. 니체는 도덕 언어가 인간의 욕망, 특히 권력을 추구하는 의지체로서 인간의 욕망을 은폐하고 있다고 본다. 그에 의하면 도덕

언어는 욕망을 표현하는 상징 언어에 불과하다.

그렇다면 현상에 대한 인간의 해석, 없는 실재에 대한 상상, 혹은 욕망 표현의 상징 언어로서 도덕은 인간에게 어떠한 영향을 미치고 있는가? 니체는 그 영향은 부정적인 것으로서 인간 간의 차이를 무시하고 타고난 생명력이나 자유정신을 억압한다고 본다. '명령하도록 태어난 사람에게 자기부정과 겸양은 미덕이 아니기 때문'이라고 하는 것이 그 예이다. 니체는 '만인에게 무조건적으로 적용되는 모든 비이기적인 도덕은 취향에 대한 죄'라고도 하고, '한 사람에게 타당한 것은 다른 사람에게도 타당하다'고 말하는 것이 부도덕이라고도 말한다.[3]

이러한 까닭에 니체에게 있어서 기존의 도덕은 무리본능의 표현으로서 인간의 생명력과 자유를 억압하는 부도덕일 뿐이며, 전복의 대상이다. 그리고 기존의 도덕이 전복된 자리에 인간 간 차이/개성, 생명의 발양, 자유로운 정신을 존중하는 위버멘쉬übermensch의 도덕이 세워져야 한다. 타인의 승인을 구하고 타인의 의지에 종속되는 무리떼의 도덕이 아니라, 가치를 스스로 인정하고 스스로 창출·구현하여 진정으로 자율적·자기충족적이고, 자기고양적·자기승인적인 위버멘쉬의 도덕이 세워져야 한다는 것이다.

이처럼 니체에 의하면 하나의 해석으로서 (전통)도덕은 인간의 욕망을 은폐시키고 있는 상징 언어로 반생명적이고 반개성적이어서 자유정신을 억압하므로, 우리는 그것을 전복시켜야 한다. 그리고 그 자리에 위버멘쉬의 도덕이 들어서게 해야 한다. 니체의 이러한 입장은 불교와 공유되는 부분이 있으면서도 불교와 배치된다.

불교가 니체의 생각과 공유될 수 있는 부분은 도덕이 객관적으로 실재하는 것이 아니라는 부분이다. 불교는 니체처럼 도덕이 개개인의, 혹은 특정 집단의 욕망을 반영하는 것으로서 오직 상대적인 것이라고 말하지 않지만, 도덕이 인간의 '지각·인식 구조(十八界) 안에서 발생하는 인간의 마음의 문제'라고 보는 점에서는 니체와 상통한다. 즉, 니체와 불교적 관점에서 보면, 도덕은 객관적으로 존재하며 동일성을 유지하는 실재가 아닌 것이다. 그것은 마음의 산물이다. 모든 대상 혹은 그에 대한 관념이 인간의 입장과 인식을 떠나서 존재할 수 없는 마음의 산물이므로, 도덕 또한 마찬가지이다. 그렇다고 불교가 도덕의 객관적 토대를 부정하는 것은 아니다. 연기·공·무아라는 세계의 존재원리가 있고, 인간의 올바른 행위는 그러한 원리에 합치해야 한다는 도덕에 관한 묵시적·절대적 합의가 있다. 그리고 그러한 원리에 대한 인식과 인식에 따른 실천의 주체는 마음이라고 본다.

현상에 대한 해석일 뿐인 (전통)도덕이 도덕 자체의—혹은 특정 인간이나 특정 집단의— 욕망을 은폐시키면서 인간의 자유정신을 억압하므로, 그것을 위버멘쉬의 도덕으로 대체시켜야 한다는 니체의 주장에서 위버멘쉬 이념은 불교와 정면으로 배치된다. 불교 또한 그 시대의 전통도덕에 대해 비판적이었으나 그 비판의 결과로서 제시하는 무아·연기·공에 근거한 도덕은 위버멘쉬가 지향하는 바와 전적으로 다르다. 위버멘쉬가 자아의식을 강화시키고 자아의 영토를 확장시킴으로써 실현되는 이념이라면, 불교의 무아적 도덕은 그 반대이다. 자아의식을 남김없이 해체시키고 '자기 만들기' 혹은 '자기의 것 만들기'를 벗어나는 자리에서 가능한 것이 무아적 도덕이다. 역설적이게도 니체는 서구의 모든 도덕이론들 — 원자적 개인주의에 기초한 — 을 신랄하게 비판했으면서도 원자적 개인주의 이념만은 철저하게 고수하고 더욱 강화한다. 한 걸음 더 나아가 그는 '오직' 자기충족적이고, 자기고양적이며, 자기승인적인 것을 선의 기준으로 내세움으로써 '상호적' 인정과 존중이라는 도덕의 기본전제를 부정하고 있다. 위버멘쉬들은 각자의 목소리에 따라 각자 고유의 선을 실천하므로 그들 간 상호적 인정이나 공유로서의 선은 없다. 니체의 도덕은 개체주의적·개인주의적 계몽주의 도덕에 대한 비판적 성격을 가지면서도 계몽주의보다도 더 극단적인 개인주의 도덕인 것이다. 니체가 제시하는 이러한 도덕은 자아의식과 자아확장을 버려야 하는, 그리고 자기 이외의 모든 사람과 모든 존재의 인정과 그들과의 공유를 전제하는 불교의 무아적 도덕과 배치된다.

## '선악을 넘어서'와 불교

다음으로 니체의 '선악을 넘어서'는 무엇을 의미하며, 이것이 불교도덕과는 의미상으로 어떠한 관련이 있는가?

니체에게 있어서 '선악을 넘어서'라는 말은 피상적으로는 이미 언급된 전통도덕들을 극복하는 것이라고 이해된다. 예컨대 기독교 도덕, 지금까지의 일상의 도덕, 칸트주의 도덕이론, 공리주의 도덕이론 등이 제시하는 선악 관념을 벗어나는 것이다. 그런데 이 말은 보다 본원적으로는, 지금까지 모든 도덕(이론)이 전제해 온 선과 악에 대한 이분법적 사고를 버리는 것을 의미한다.

전통적으로 모든 도덕 이론들이 전제해 온 것과 달리 니체는 선과 악을 대립·상극적 개념으로 보지 않는다. 오히려 선악은 하나라고 본다. 니체는 새로운 철학자의 도래를 예견하면서, 선악과 관련하여 다음과 같은 요지의 내용을 피력한다.

우리는 다음과 같이 생각하는 철학자의 출현을 기다려야 한다. 즉, '상반된 것이 존재하지 않을 수도 있으며, 상반된 가치의 대립이라는 개념은 편향된 관점에서 나온 것일 수 있다. 가치 있는 것과 사악하게 보이는 것은 서로 관계되어 있을 수 있으며 둘은 본질적으로 하나일 것이다.'[4]

니체는 선악이라는 대립개념 자체가 허구일 수 있으며 양자는 서로 관계된 하나일 수 있다고 보고 있는 것이다. 그래서 그는 『차라투스트라는 이렇게 말했다』에서 "인간은 더 선해져야 하고 또 더 악해져야 한다"고도 하고 "초인의 최선을 위해서는 최악이 필요하다"고도 한다.[5] "높고 밝은 곳으로 올라

가려 하면 할수록 뿌리는 더욱더 강하게 땅 속으로, 밑으로, 어둠 속으로, 심연 속으로, 악 속으로 들어가는 것이다"라고 선언한다.[6] 니체는 선과 악이 구분되지 않는 하나라고 봄으로써 선과 악의 구분 자체를 해체시키고 있는 것이다.

선악이 하나라는 관점에서 보면 악이 선이 되기도 한다. 니체는 악의 유용성을 들어 거짓이나 악 또한 선이 될 수 있음을 말한다. 니체에 의하면 "어떤 한 판단이 잘못됐다 해서 우리가 그것을 반드시 부정할 필요는 없다. 아주 이상하게 들릴지도 모른다. 문제는 그런 판단이 얼마만큼 삶을 고양·보존시켜 주고 종을 유지·계발시켜 주느냐에 달려 있다."[7] 더 나아가서 니체는 거짓을 삶의 한 조건으로 인정하자—이것을 니체는 통념화된 가치개념에 대한 거부라고 본다—고 제안한다. 그리고 이를 감행하는 것만으로도 선악을 넘어서는 것이라고 한다. 거짓은 부정해야만 하는 대상이 아니고, 삶에 대한 유용성의 관점에서 인정할 때 그것은 선이 되며, 그리함으로써 선악을 넘어선다는 것이다. 선악이 하나라는 이러한 인식 속에서는 미덕이 반드시 미덕인 것은 아니다. 그래서 니체는 "모든 미덕은 어리석음이 되기 쉬운 법이다. 또한 모든 어리석음 역시 미덕이 되기 쉽다"라고 한다.[8]

이처럼 선악을 대립개념으로 보지 않고 하나로 보는 것은 진리와 허위가 상극개념이 아니라 하나라고 보는 것과 다르지 않다. 니체는 진리와 허위라는 상극개념이 존재한다고 가정하지 말자고 제안한다. 대신에 그는 "명확성의 정도, 즉 현상이라는 음영의 밝고 어두운 정도—화가들의 용어를 빌리자면 '명암'의 차이—를 가정하는 것으로 충분하지 않은가?"라고 말한다.[9] 그는 진리가 단순한 현상보다 가치 있다는 것은 도덕적 편견에 불과하다고 본다. 그는 일부 철학자들이 그러한 것처럼, 우리가 현상계를 완전히 배제해버리려 할 때, 그것이 가능하더라도 결국 그 진리는 공허한 것이 되고 만다고 보는 것이다.[10]

이상과 같이 선악이 상호배제적 관계가 아니라 하나인 관계 속에 있다고 볼 때, 우리는 악을 전적으로 배제시킬 수 없고 어느 정도 인정·포용해야[11] 할 것이다. 예컨대 우리는 선의 관점에서 악을 유용하게 활용할 수 있을 것이다. 니체는 악의 유용성에 대해 말한다. 그는 소크라테스주의적 도덕—인간이 악은 나쁘다는 것을 안다면 악을 행하지 않을 것이라는 것, 따라서 악한 짓은 오직 실수에 의한 것이며 실수를 없애면 그는 선한 인간이 된다고 보는 도덕—을 천박한 대중의 냄새를 풍기는 추론이라고 비판하면서, "대중이란 악한 행위에서 오로지 불쾌한 결과밖에는 볼 줄 모르고 '악한 일을 하는 것은 어리석은 일'이라고 판단한다"고 말한다.[12] 더 나아가서 그는 선은 악을 포용할 수도 있어야 한다고 주장한다. 이상적인 인간은 '신이든 악마든 간에 오해받고 비방 받는 모든 사람들을 옹호하고 보호하는 다정함'을 가져야 한다는 것이다.[13]

요컨대 니체는 선과 악이 대립적·상극적인 것이 아닌 '하나'이기 때문에, 선악이분법을 벗어나라는 의미에서 '선악을 넘어서'라고 한다. 선악은 경직된 이원적인 것이 아니며 상호 배제적이고 상호배타적인 성질의 것이 아니라는 것이다. 그래서 (경직된) 선악이분법을 전제하는 전통적 도덕관도 넘어서야 할 대상이 된다. 더 나아가서 '선악을 넘어서'라는 말은 악조차도 이용하기에 따라서는 미덕일 수 있다 – 악도 유용하다 – 는 것, 선과 악은 정도의 문제일 수 있다는 것, 악/악인까지도 포용해야 한다는 메시지를 담고 있다.

이상과 같은 의미에서의 '선악을 넘어서'라는 말은 앞에서 살펴본 '현상에 대한 (하나의) 해석으로서의 도덕'이라는 말과 의미를 같이하는 부분이 있다. 모두 선과 악을 절대적·고정적인 것으로 보는 것이 아니라 가변적이고 유동적인 것[14]으로 보는 것이 그것이다. 도덕은 사회적·역사적·시대적 제약을 받기에 상대적인 것이다. 그래서 지금까지 도덕학의 한 가지 문제는 도덕 그 자체를 고정불변한 것으로 생각한 데 있다고 말할 수 있는 것이다.[15] 니체에 의하면 지금까지 보아온 것과는 반대로 도덕은 다수이며, 생멸하며, 반복되는 것이다. 이러한 까닭에 그는 도덕학자들의 한 가지 과제를 '다른 시대들의, 다른 민족들의, 도덕 가치들을 수집하여 비교하여 차이를 드러내는 것'이라고도 말하는 것이다.

'선과 악이 대립하는 이분적인 것이 아니라 하나'라는 이상과 같은 니체의 입장은 불교에서의 선악에 대한 입장과 잘 조화된다. 불교에서도 선악을 둘이 아니라고 보아 '불이不二'라고 한다. 불교가 분명한 진리 인식의 틀을 제공하고, 그러한 진리 인식으로부터 도출되는 보편적인 선의 내용을 말한 것은 니체와 매우 다르지만, 선악불이善惡不二의 입장에서 선과 악이 이분적 방식으로 절대화·화석화 될 수 있는 것이 아니라고 본 점에서는 니체와 입장을 같이한다. 불교적 관점에서도 선악은 상황이나 조건 속에서 발생하는 것으로서 상호적으로 영향을 미치고 상호적으로 규정되는 것이다. 그래서 불교 또한 고정적 의미의 선악이분법을 해체하고자 하고, 절대적 선에 대한 절대적 악의 개념을 부정하며, 악/악인조차도 포용하고자 한다.

이와 같이 '선악이 하나다' 혹은 '선악은 불이다'라는 입장에서 보면, 선과 악은 실체성이 없다. 선과 악은 서로 맞물려 있어서 서로의 속에서 서로의 영토를 서로 허용하고 있는 변증법적인 관계에 있다. 악은 배척의 대상이 아니라 활용의 대상이며, 변화의 대상이며, 포용의 대상이다. 악은 조건과 계기에 따라 언제든지 선이 될 수 있는 것이다.

# 선의 능력으로서의 마음

## 마음의 전개로서 세계

불교의 가르침은 마음에 관한 것, 즉 마음이 어떻게 작용하면서 마음이 어떻게 갖가지 현상을 일으키고 있는가에 관한 것이다. 마음으로 인해 세계를 어떻게 왜곡하여 지각하고, 마음으로 인해 어떻게 고통 받고 있는가, 그리고 마음을 어떻게 올바르게 써서 올바르게 지각하고 고통으로부터 벗어날 수 있는가를 다룬다는 것이다. 그에 의하면 마음은 물질적인 것들뿐만 아니라 정신적인 것을 포함하여 모든 것을 발생·전개시키는 원천으로서 시간과 공간의 제약을 넘어서서 부단히 활동하고 있는 것이다. 그래서 세계는 마음의 전개이며 마음의 작용결과이다.

세계는 마음에 의해 인도되며 마음에 의해 이리저리 이
끌려 다닌다.[16)

우리 앞의 세계가 마음에 의해 인도되고 마음에 의해 이끌
려 다닌다는 것은 다음의 몇 가지의 의미로 이해된다.

첫째, 인류의 역사는 인간의 마음이나 의지에 의해 전개되
어 왔으며, 현재의 문명은 지금까지 현존해 온 인류의 마음의
집합적 표현이다. 마음에 의한 지각과 마음에 의한 지향성에
의해서 인류의 역사는 전개되어왔다고 볼 수 있다.

둘째, 현재 내가 지각하고 이해하고 있는 세계는 나의 마음
의 투영이다. 하늘의 색깔도, 나무의 모양도, 타자에 대한 이
해도, 사회현상에 대한 지각도, 나의 마음의 투영이다. 존재하
지 않는 것을 만들어 낸다는 의미에서의 '투영'이 아니라, 존
재하고 있는 것을 지각하는 데 있어서 자기의 물리적 조건, 심
리적 상태, 지적 능력 등 자신의 조건(condition)을 배제할 수
없다는 의미에서의 '투영'이다. 물론 마음의 투영과정에서 마
음은 존재하지 않는 가공적인 것을 만들어 낼 수도 있다. 마음
이 투영되지 않는 사물은 지각되지 않는다.

그래서 불교가 문제 삼는 세계는 마음에 의해 지각된 세계
이며, 불교가 관심을 두고 있는 것은 지각과정에서 작용하는
마음의 흐름과 그 기능에 관한 것이다. 불교의 한 목표가 실상

대로 보는 여실지견如實知見에 있다고 할 때, 그것은 마음에 의해 존재와 현상을 '있는 그대로 보는' — 무상·고·무아 혹은 연기·공·무아로 보는 — 것이다. 여기에서 더 나아가서 그 여실지견에 합치하게 마음을 정화시키고, 마음을 길들여서, 마음을 자유롭게 하는 것이다. 마음을 가라앉히고 실상을 바로 보는 지관법止觀法과 같은 불교의 핵심수행법의 목표 또한 여기에 있다. 불교수행의 핵심을 '마음을 알고(knowing), 만들어가고(shaping), 자유롭게 하는 것(liberating)'으로 간추린 것은 탁월하다고 하겠다.[17]

셋째, 개개인의 삶은 각자의 의지, 결심, 지향성에 달린 문제, 즉 마음먹기의 문제이다. 나는 마음먹은 대로 행위하고 살아가며, 마음먹은 대로 그에 상응하는 결과를 얻는다. 나의 운명은 나의 마음먹기에 달려 있으며, 현재의 나의 모습은 나의 마음씀이나 나의 의지의 산물이다. 좀 더 강하게 말하자면, 나는 나의 마음씀이다.

그러나 불교가 마음의 결심, 의지, 혹은 지향성을 강조한다고 하여 개개인에게 영향을 미치는 환경적 요인들을 무시하거나 과소평가하는 것은 아니다. 개개인의 의지나 지향점이 환경적 요인들의 영향을 받지만 동시에 각자가 어떠한 지향성이나 의지를 갖느냐에 따라 환경적 요인들도 변화될 수 있다고 본다. 불교적 관점에서 개인과 사회의 관계에 대해서 말하자면, '사회는 개인에게 영향을 미치고 특정의 개인을 만들어 낸다'고도 할 수 있으나, 동시에 '사회는 개개인의 산물'이라고도 할 수 있을 것이다. 그 작용과 영향에 있어서 상호적이지만, 불교는 상황 속에서 개인의 지향적 의지나 결단을 우선적으로 강조한다. 상황 속에서 개개인의 의지적 결단이나 지향성에 따라 행위가 달라지고, 달라진 행위가 축적되어 행동방식이나 습관이 되고, 행동방식이나 습관이 달라짐으로써 사람이 달라지고, 사람이 달라짐으로써 상황이 개선되고 사회가 달라진다고 보기 때문이다. 사회적 진보의 관점에서 말한다면, 불교는 사회체제의 변혁에 의한 개개인의 변화를 부정하지 않으면서도 개개인의 의식과 삶의 변화에 의한 사회적 진보에 더 무게를 둔다.

요컨대 '세계가 마음에 의해 인도되고 마음에 의해 이끌려 다닌다'는 말은 다음과 같은 의미를 갖는다. 즉, 인류의 역사는 지금까지 인류의 마음의 전개이고, 현재의 세계는 '나에 의해 지각된' 세계이며, 나의 의지적 지향성이나 결심에 따라 나의 삶과 운명은 달라진다는 것이다. 당나라 유학길에 올랐다가 무덤 속에서의 경험에서 깨침을 얻어 발길을 되돌려버린 원효의 유명한 일화는 마음의 이러한 특징을 잘 예시해 준다. 스님은 간밤에 갈증을 식혔던 시원한 물이 아침에 일어나 보니 해골바가지 속의 물이었다는 것을 알게 되었다고 한다. 동일한 물이 마음에 따라 달리 지각되었을 뿐만 아니라, 간밤에 갈증을 해소하여 만족했던 그 마음이 아침에는 구토를 느끼는 마음이 되었다는 것이다. 그래서 원효는 '마음의 생멸에 따라 현상이 생멸한다' — 마음이 생겨나니 갖가지 현상/존재가 생겨나고 마음이 소멸하니 갖가지 현상/존재가 소멸한다(心生則種種法生 心滅則種種法滅)-는 이치를 체득하게 되었다고 한다. 이러한 마음의 작용을 불교에서는 '삼계는 허망하고 모든 것은 오직 마음이다(三界虛妄 一切唯心)' '모든 것은 오직 마음이 지어낸 것이다(一切唯心造)' 혹은 '모든 존재는 오직 마음의 분별이다(萬法唯識)' 등 다양하게 표현한다.

## 마음의 선구현의 능력

세계가 마음에 의해 인도되고 마음에 의해 이끌려 다닌다는 것은 세계가 인간의 마음을 주도한다기보다는 인간의 마음이 세계를 주도함을 말한 것이다. 윤회의 세계가 인간에게 주어진 것이 아니라 인간의 선택에 의한 것이라는 뜻이다. 열반도 마찬가지이다. 열반이 인간으로부터 멀리 있는 것이 아니라 인간이 열반을 선택하지 않은 것이다. 마음에 의해 윤회를 선택하고 있다는 것이다.

이 윤회의 세계는 마음에 의한 것이므로, 윤회로부터 벗어나는 열반 또한 마음에 의해 얻어질 수 있다. 열반은 마음 밖에 있지 않으며(心外無佛) 마음을 떠나 찾을 수 있는 것이 아니다. 마음으로 인하여 윤회도 하고 마음으로 인하여 열반도 한다. 그래서 윤회로부터 벗어나 열반에 이르려는 이는 전적으로 마음에 의존해야 한다. 땅으로 인하여 넘어진 자는 땅으로 인하여 일어나야 하듯이, 마음으로 인하여 넘어진 자는 마음으로 인하여 일어나야 한다.

  삼가 듣건대, 사람이 땅으로 인하여 넘어지면, 땅으로 인
하여 일어나야 하는 것이다. 땅을 떠나 일어나기를 바라는
일, 이러한 처사는 없다. 한 마음을 미혹케 하여 가없는 번
뇌를 일으키는 이가 중생이며, 한 마음을 깨쳐서 가없는 묘
한 작용을 일으키는 이가 여러 부처이다. 미혹됨과 깨달음
은 비록 다르지만, 요는 모두 한 마음으로 말미암은 것이다.
그러므로 마음을 떠나 부처를 구하는 일, 또한 이러한 처사
는 없다.[18]


  마음을 매개로 하여 중생과 부처가 같다. 중생의 관점에서 보
면, 중생은 언제든지 그것을 자각·회복할 수 있기 때문에 부처
와 다르지 않다. 그래서 『화엄경』에서는 '마음과 부처 그리고
중생, 이 셋이 다르지 않다(心佛及衆生是三者無差別)'고 한다.
  '마음과 부처 그리고 중생이 다르지 않다'라는 말은 마음에
의해 번뇌를 가지고 윤회하는 중생도 되고, 마음에 의해 번뇌
를 지멸止滅시켜 윤회를 그친 부처도 된다고 말함으로써, 마
음의 기능과 역할을 강조한 것이다. 그런데 이 말은 마음에 의
해 중생과 부처가 같다는 것을 강조하는 말이지만, 동시에 그
마음에 의해 양자가 다르다는 것을 함축하고 있는 말이기도
하다. 본질적 속성, 혹은 마음의 기능과 가능성으로서 자성自
性은 같으나 이 자성의 깨침에 있어서는 차이가 있다는 것이

다. "자성이 미혹하니 부처가 곧 중생이고, 자성이 깨달은즉슨 중생이 곧 부처이다"[19]라고 하여 중생과 부처의 차이가 없음을 강조하면서도, 깨침과 깨치지 못함에 있어서의 차이는 여전히 전제된다. 그 차이는 없다고 말할 정도로 작으면서도 사실은 매우 크다. 일순간에 그 차이를 좁힐 수 있기에 '무차별'이지만, 결단을 일으키지 않으면 중생의 마음은 부처의 마음과 다를 수밖에 없다. 중생이 '윤회에서 열반으로의 전환 가능성으로서의 마음'을 결코 잃어버릴 수가 없고 항상 간직하고 있다는 의미에서, 중생은 이 가능성을 이미 실현한 부처와 같지만 중생은 현재 여전히 중생의 마음을 쓰고 있기에 중생심을 이미 지멸시킨 부처와 다른 것이다. 중생은 마음의 깨달음의 가능성을 아직 발현시키지 못하여 탐진치(탐욕·성냄/미워함·어리석음)[20]의 중생심에 속박되어 있으며, 부처는 그 가능성을 발현시켜서 탐진치의 마음으로부터 자유롭다. 따라서 중생과 부처는 마음에 의해서 같으면서 동시에 마음에 의해서 다른 것이다.

인간 중생의 입장에서 볼 때 '마음과 부처 그리고 중생이 다르지 않다'라는 말은 마음의 능력에 의해서 중생이 부처될 수 있음을 강조한다. 사실 중생과 부처는 결코 같을 수 없으므로 양자 간에는 엄청난 차이가 있지만, 중생의 부처될 마음의 능력을 강조함으로써 중생과 부처의 간격을 무화시키고 있다. 이러한 마음의 능력은 내가 어떻게 살아 왔더라도, 그 어떠한 어려운 상황에 처해 있더라도 사라질 수 없는 깨달음의 가능성을 말한 것이다. 중생은 현재는 오염된 존재로서 윤회하고 있지만, 스스로의 각성에 의해서 청정해짐으로써 윤회에서 열반의 차원으로 이행할 수 있는 존재이다. 자신의 가능성에 대한 이러한 믿음은 초기불교 이래 일관되게 강조되어 온 불교의 핵심이다.

인간 본성의 본래 청정한/선한 가능성은 그 무엇에 의해도 파괴될 수 없다고 인식된다. 어떤 극악한 사람도 각자覺者가 될 가능성을 똑같이 가지고 있다. 번뇌, 오염, 악, 혹은 죄 등은 이것이 미미하든지 지대하든지 막론하고 항상 바깥으로부터 들어온 것으로 간주된다. 그것은 안으로부터 생겨난 것이라고도 간주되지 않으며 또 그것이 안으로 와서 중심을 차지할 수도 없는 것이라고 간주된다. 그래서 외래적인 번뇌에 의해 오염되어 있다고 한다(객진번뇌염客塵煩惱染). 번뇌가 바깥으로부터 들어와 본래의 청정심(自性淸淨心)을 오염시키고 있을지라도, 결코 그 청정한 본바탕을 오염시키지는 못한다.

본바탕이 총명한 마음 혹은 본래 총명한 마음이 어떻게 외래적인 번뇌에 의해 오염되어 있는가를 설명하기 위해 대승에서는 대표적으로 하나의 마음 두 개의 문, 즉 일심이문一心二門의 개념을 발전시킨다. 일심이문에 의하면, 본래 청정한 진여眞如의 마음이 무명의 바람(無明風)에 의해 오염상태에 빠지게 된다. 그러나 바람에 의해 흔들리는 물의 본성이 변치 않듯, 본래 청정한 마음인 진여는 항상 청정하다.

일심이문에 의하면, 우리는 오염된 윤회의 마음인 심생멸의 마음(心生滅門)과 청정한 열반의 마음(心眞如門)이라는 모순적인 두 속성을 한 마음(一心) 안에 가지고 있다. 중생의 일심은 윤회의 생멸문에 의해 주도되고 부처의 일심은 열반의 진여문에 주도된다는 차이가 있지만, 그 지향점은 모두 부처의 마음이다. 중생은 현재 심생멸문이라는 윤회의 마음에 의해서 이끌리고 있지만, 열반의 심진여문에 의해 이끌리는 마음으로 전화시킬 역량을 자신 속에 항상 가지고 있는 것이다.

이러한 일심이문의 개념은 대승에서 발전된 것이지만, 이 개념 또한 외래적인 번뇌(무명풍無明風)에 오염되어 윤회하는 중생이 열반에 대해 갖는 역량을 강조하고 있다. 오염으로서 무명풍은 어디까지나 종적인 것으로서 청정심이 회복되면 일시에 사라지는 것이다. 이때 오염을 씻어내고 청정심을 회복하는 과정에서 요구되는 것이 바로 마음을 닦는 수행이다. 이러한 객진번뇌염의 마음상태에서 자성청정심의 마음상태로 전환시키는 마음수행의 내용을 초기불교에서는 '마음은 본래 총명하지만 외래적인 번뇌에 의해 오염되어 있다. 그러나 마음은 본래 총명하므로 번뇌로부터 자유로워질 수 있다'고 한다. 이것은 마음을 수행함으로써 가능해지는데, 그 마음수행의 한 핵심은 후에 살펴보게 될 '자애의 마음을 닦는 수행'이라고 붓다는 다음과 같이 말한다.

나무들 중에서 가장 부드럽고 수용력 있는 것처럼 보이는 것은 전단나무이다. 이와 똑같이 비구들이여, 나는 이 마음을 부드럽고 수용적이게 하는 것으로서 축적된 수행 이외의 다른 하나의 법을 알지 못한다. 비구들이여, 축적된 수행에 의해서 마음이 부드러워지고 수용적이 된다. 비구들이여, 마음과 같이 그렇게 빨리 변화하는 다른 어떤 하나의 것도 나는 알지 못한다. 그래서 비구들이여, 마음이 어떻게 변화하는가를 보여주는 비유를 예시하기가 쉽지 않다. 비구들이여, 이 마음은 총명하다. 그러나 그것은 외래적인 번뇌에 의해 오염되어 있다. 비구들이여, 이 마음은 총명하다. 그래서 그것은 외래적인 번뇌로부터 자유로워진다. 비구들이여, 지극히 짧은 순간에도 자애의 마음을 실천한다. 이러한 자를 비구라고 한다. 비구는 지극히 짧은 순간에도 자애의 마음을 닦는다. 이러한 자를 비구라고 한다. 비구는 지극히 짧은 순간에도 자애의 마음을 마음에 새긴다. 이러한 자를 비구라고 한다.[21]

번뇌를 열반으로, 오염을 청정으로 전환시키는 마음의 역량이 발휘되었을 때, 그것은 인식의 전환과 삶의 태도 변화를 가져와 신구의(몸·말·뜻)[22] 행위 변화로 나타난다. 후에 살펴보겠지만 불교에서 마음은 신구의 행위를 통해 드러난다. 신구의 행위는 마음을 토대로 하여 드러나고 마음의 속성에 의해 규정되는 것이기 때문에, 신구의 선행을 강조하기 위해서 마음의 선한 속성(善性)이 먼저 강조된다. 마음은 모든 행동의 바탕이 되기 때문에 중요한 것이다. "세계는 마음에 의해 인도되며 마음에 의해 이리저리 이끌려 다닌다"고 한 것처럼, 다음 인용문에서는 마음이 모든 것 – 법 혹은 존재 – 을 앞서 가고, 마음이 그것들의 주인이며, 마음이 모든 행위를 짓는다 고 말한다. 그리고 그 행위에 따른 과보가 있다고 말한다.

마음이 그들에 앞서가고, 마음이 그들의 주인이며, 마음 .에 의해서 모든 행위는 지어진다. 만일 어떤 사람이 나쁜 마 음으로 말하고 행동하면, 그에게는 반드시 고통이 뒤따른다. 마치 수레가 황소를 뒤따르듯이.23)

## 선의 기준으로서 무탐진치의 마음

세계가 마음에 의해 만들어지고, 신구의 모든 행위의 바탕 이 마음이기 때문에, 본원적 선의 기준 또한 마음에서 찾는다.

초기불교에서는 선악에 관한 다양한 기준을 제시한다. 예컨 대 쾌(sukha)증가나 고(dukkha)감소의 유무, 열반성취에의 기여 유무, 타인의 칭찬과 비난 등이 제시되지만, 가장 본원적이고 포괄적인 기준은 탐진치 마음의 유무이다. 마음이 모든 행위 의 전제이며 모든 행위의 토대가 된다고 보기 때문이다. 탐진 치의 마음, 즉 탐욕, 성냄/미워함, 어리석음의 마음은 악의 토 대가 되고, 무탐진치의 마음은 선의 토대가 된다.

탐진치 마음의 유무가 가장 본원적이고 포괄적인 선악의 기준이 되는 보다 구체적인 이유는 다음과 같다. 즉, 무탐진치의 마음은 자신과 타자에게 쾌를 증가시키고 고통을 감소시키고, 최고의 행복인 열반을 가져오며, 이에 근거한 행동은 합당하여 다른 사람들에 의해서 승인되고 칭찬을 받는다. 하지만 탐진치는 이와 반대의 결과를 가져온다. 따라서 무탐진치의 마음은 선의 뿌리(善根/kusalamūla)라고 규정되고, 탐진치의 마음은 악의 뿌리(惡根/akusalamūla)라고 규정된다.

선의 기준을 탐진치 지멸의 마음에서 찾는 것은 도덕법칙에 따르는 동기의 순수성이나 동기의 선성을 강조한 칸트Kant의 입장과 일면 유사하다. 주지하다시피 칸트에 의하면 선을 행하는 데 있어서 정언명령이나 도덕법칙에 따르려는 내적 동기만이 중요하고 행위의 결과는 고려대상이 아니다. 선을 행하기 위해서 요구되는 것은 도덕법칙에 대한 존경심이나 도덕법칙을 따르려는 의무감일 뿐이다. 오직 도덕법칙을 따르려는 동기의 순수성만이 중요하며, 그것만이 선을 보장해 준다.

불교 또한 무탐진치라는 마음의 순수성이 선을 보장한다고 본다. 그러나 칸트와 달리 불교는 '도덕적이기 위해 결과를 고려하면 안 된다'고는 말하지 않는다. 불교는 또한 오직 동기만을 고려하라고도 말하지 않는다. 무탐진치의 마음의 청정성이 어떤 나쁜 결과도 가져오지 않을 것이라고 전제하고, 무탐진치의 마음을 강조할 뿐이다. 그러면서 불교는 오히려 다른 한편으로는 신구의 행위 이전에 그 행위가 자신, 타인, 혹은 자신과 타인 모두에게 어떠한 결과를 가져올 것인지—쾌를 가져올 것인지 고통을 가져올 것인지—에 대하여 숙고하라고 한다. 무탐진치의 마음에 의해 마음의 청정성을 유지하면서도 동시에 특정 행위가 수반할 수 있는 결과를 고려하여 이를 행위선택에 반영해야 한다고 본다.

무탐진치라는 선의 기준은 후에 살펴보겠지만 도덕법칙이나 규칙을 준수해야 하는 문제가 아니라 성품변혁의 차원과 관계되어 있는 문제이다. 또한 무탐진치의 마음을 갖는 문제는 이성만이 아니라 감성의 영역까지 포함하는 성품형성의 문제이다. 그것은 오히려 타자나 다른 생명체가 느끼는 고통에 대한 감수성을 개발하고 배려하는 정서를 개발하는 것을 중요하게 여긴다. 이런 의미에서 불교도덕은 아리스토텔레스의 덕윤리(virtue ethics)와 상통하는 점이 있다. 즉, 도덕의 핵심을 특정 성품의 형성에 있다고 보고 그러한 성품은 합리적 정서 혹은 정서적 합리성 – 이성과 감성의 조화 내지는 융합 – 으로 본 아리스토텔레스의 입장과 상통하는 것이다. 특히 아리스토텔레스는 덕이란 '알고서, (의도적) 선택에 의해서, 성품으로부터' 비롯되는 것이라고 보고 반복이나 습관화를 통한 성품화를 강조하는데, 불교 또한 올바른 행위의 반복과 습관화를 통한 특정의 성품 – 탐진치를 지멸시킨 자비의 성품 – 의 형성을 지향한다.

서구의 윤리이론에 비추어볼 때, 탐진치를 지멸시킨 자비의 성품형성의 도덕으로서 불교도덕에는 이 밖에도 다음과 같은 입장들과 친화성이 있다. 불교윤리는 도덕적 행위의 추동력을 감정(sentiment)에서 찾는 흄의 윤리, 이성주의적·탈맥락주의

적·몰개인적·법칙주의 윤리를 비판하고 맥락주의적·관계반
영적인 보살핌의 윤리를 주장하는 페미니스트 윤리, 선악의
기준으로서 쾌와 고통을 내세운 공리주의 윤리, 동물도 고통
을 받기 때문에 그들의 생명권도 존중되어야 한다는 동물해방
론과 친화적인 측면이 있다. 또한 불교도덕은 자기애나 자기
보존, 쾌추구 고회피 등의 자연적 욕구를 부정한다기보다는
이를 인정하고 도덕의 계기로 삼을 것을 말한다는 점에서 자
연주의적 윤리의 특징도 갖는다. 불교도덕은 인간의 기본 욕
구를 부정하지 않고 오히려 그것을 인정하고 올바른 방법으로
실현할 것을 말한다. 뒤에서 검토하겠지만, 불교는 자신의 기
본 욕구와 이를 충족시키는 자기보존적 활동을 인정하면서,
이와 똑같은 욕구와 활동에 대한 권리를 타자 또한 똑같이 가
지므로 타자의 그것을 존중하라고 한다.

선의 기준으로서 무탐진치의 마음이 특정의 성품 형성을
관건으로 한다는 것은 불교가 도덕의 문제를 옳은 것이 무엇
인가를 아는 차원에만 국한시키는 것도 아니며, 옳은 것을 일
회적으로 혹은 특정기간 동안에만 실천하는 것에 국한시키는
것도 아니라는 것을 의미한다. 대신에 불교도덕은 옳은 것을
반복함으로써 그것을 습관화하고 체화하여 성품화시키는 것
을 지향한다. 그래서 도덕은 구속이나 속박이 아니다. 이에 대
해서는 후에 살펴보게 될 것이다.

# 선의 원천으로서의 무탐진치/심청정

　지금까지 살펴본 것처럼, 무탐진치는 선의 근본적·포괄적 기준이다. 탐진치의 유무에 따라 행위는 선이 되고 악이 되기도 한다. 이는 탐진치 자체의 유무가 선악을 의미하기도 하지만, 표출되는 행위(결과)가 선이 되느냐 악이 되느냐는 탐진치의 유무와 일치한다는 것이다. 예컨대 탐진치 자체가 악이기도 하지만, 탐진치 상태에서의 행위는 악행일 수밖에 없다는 것이다. 그래서 부처는 신구의 악(不善)은 탐진치로부터 발생하고 신구의 선은 무탐진치의 마음으로부터 발생한다고 말한다.[24] 이렇게 보면 선은 무탐진치의 마음으로서 무탐진치로부터 비롯된 행위를 의미한다. 선의 원천은 무탐진치의 마음인 것이다.

그런데 무탐진치의 마음을 적극적/긍정적 술어로 표현하면 심청정心淸淨 혹은 청정심이다. 심청정은 초기불교는 물론 대승불교에서도 똑같이 강조되지만, 강조되는 내용과 서술의 방식은 동일하지 않다. 초기불교에서 청정심은 육근수호, 자애, 사무량심 등으로 설명될 수 있고, 대승불교에서는 보리심으로 설명될 수 있다.

## 초기불교의 심청정

탐진치 지멸 혹은 심청정을 위해 초기불교에서 강조하는 한 가지 방법은 념처/알아차림(sati/mindfulness) 수행을 통해 여섯 감각활동(六根)을 통제, 조절, 혹은 절제하는 것이다. 특히 대상과의 접촉의 결과로서 일어나는 느낌/감각에 대하여 알아차리는 수념처受念處, 그리고 몸에서 일어나는 모든 현상과 몸의 모든 움직임을 알아차리는 신념처身念處는 여섯 감각활동의 조절에 중요하다. 알아차림 수행을 통해 쾌고/호오에 끌려가지 않고 여섯 감각의 대상(六境)에 전복되지 않을 수 있기 때문이다. 알아차리는 순간 육감각을 통해 일어나는 일을 대상화시킴으로써, 우리는 즐거움을 주고 좋아하는 여섯 감각대상에 탐닉하지 않게 되고, 즐거움을 주지 않고 거스르는 여섯 감각대상에 대해서도 혐오하지 않을 수 있기 때문이다. 그리하여 알아차림 수행을 통해 쾌고나 호오에 전복되지 않고 여섯 감각활동을 통제 내지 조절할 수 있는 육근수호六根守護가

가능해진다.

결과적으로 육근수호는 쾌고/호오 및 감각대상에 대해 속박되지 않고, 세계의 모든 존재에 대하여 경계 없는/한량없는 자애의 마음을 실천할 수 있게 하고, 보다 포괄적으로는 네 가지 경계 없는 마음인 사무량심을 실천할 수 있게 한다. 모든 대상에 대하여 편협한 마음을 버리고 대신에 경계 없는/한량없는 마음 - 모든 것에 대해 자애로운 자애의 마음 - 을 가질 수 있게 된다.

비구들이여, 불수호/부절제(asaṁvara)란 어떤 것인가? 비구들이여, 비구가 눈으로 형상을 볼 때 좋아하는 형상에 탐닉하고, 좋아하지 않는 형상을 혐오하고, 또 그는 신념처를 확립하지 않고, 편협한 마음(parittacetaso)으로 머무르며, 그는 이미 일어난 악하고 불선한 상태가 남김없이 그친 심해탈과 혜해탈을 여실히 알지 못한다(귀로 소리를 들을 때, 코로 냄새를 맡을 때, 혀로 맛을 볼 때, 몸으로 감촉할 때, 마음으로 마음의 현상을 인지할 때에 대해서도 똑같이 말한다).

비구들이여, 수호란 어떤 것인가? 비구들이여, 비구가 눈으로 형상을 보면서 좋아하는 형상을 탐닉치 않고 좋아하지 않는 형상을 혐오하지 않으며, 또 그는 신념처를 확립하고 경계 없는/한량없는 마음(appamāṇacetaso)으로 머무르며, 그는 이미 일어난 악하고 불선한 상태가 남김없이 그친 심해탈과 혜해탈을 여실히 안다(귀로 소리를 들을 때, 코로 냄새를 맡을 때, 혀로 맛을 볼 때, 몸으로 감촉할 때, 마음으로 마음의 현상을 인지할 때에 대해서도 똑같이 말한다).[25]

이처럼 신념처에 의해 여섯 감각활동을 온전하게 알아차림으로써, 감각대상과의 접촉에서 유발되는 쾌고나 호오에 얽매이지 않고 드디어는 모든 대상에 대하여 경계 없는/한량없는 마음을 가질 수 있다. 신념처에 의해 쾌고, 호오, 대상에 대한 집착으로부터 자유로워짐으로써 편협한 마음은 모든 곳에 확장되어 경계가 없는 자애의 마음이 되는 것이다. 이 상태가 바로 탐진치 지멸을 의미하는 심청정의 상태로서 마음의 해탈과 지혜의 해탈을 의미한다. 다음에서는 신념처 수행, 탐진치 번뇌지멸, 경계없는 마음, 심혜탈·혜해탈을 모두 함께 강조한다.

모갈라나Moggalāna 존자는 다음과 같이 말했다. "벗들이여, 어떻게 하여 번뇌가 있습니까? 여기에 비구가 눈으로 형상을 보면서 즐거움을 주는 형상에 탐닉하고, 즐거움을 주지 않는 형상을 혐오하고, 신념처를 확립함이 없이 좁은 마음(parittacetaso)으로 머무릅니다. 그리고 생겨난 악하고 불선한 상태(dhamma)가 지멸된 심해탈·혜해탈을 여실히 알지 못합니다."(다른 다섯 가지 감각과 그 대상에 대해서도 동일하게 말한다.)[26]

법우들이여, 어떻게 하여 무번뇌가 있습니까? 여기에 비구가 눈으로 형상을 보면서 즐거움을 주는 형상에 탐닉하지 아니하고, 즐거움을 주지 않는 형상을 혐오하지 아니하고, 몸에 대한 넘처를 확립하여 경계 없는/한량없는 마음(appa-mānacetaso)으로 머무릅니다. 그리고 생겨난 악하고 불선한 상태들이 완전히 멸한 심해탈·혜해탈을 여실히 압니다(다른 다섯 가지 감각과 그 대상에 대해서도 동일하게 말한다).[27]

초기불교에서 경계 없는/한량없는 마음은 자애의 마음을 의미한다. 그것은 자애의 심청정으로서 깨달은 이의 마음상태/성품을 서술하는 대표적인 용어이다. 이러한 자애의 마음에 대하여 표현하고 있는 저 유명한 『자애경』에서는[28] 뭇 생명체가 행복하기를 바라는 마음을 가지며, 한 순간도 방심하지 말고 그 마음을 사방팔방으로 채우라고 다음과 같이 말한다.

어떠한 생명체이든지―약한 것 혹은 강한 것, 큰 것, 땅딸막한 것 혹은 중간 것, 짧은 것, 작은 것 혹은 큰 것이든지―예외 없이 (모두) 눈에 보이는 것 혹은 보이지 않는 것, 멀리 사는 것 혹은 가까이 사는 것, (이미) 태어난 것 혹은 앞으로 태어날 것, 모든 존재들은 부디 행복할지어다.[29] (중략) 어머니가 자신의 생명을 무릅쓰고 외동아들을 보호하듯이, 그와 똑같은 방법으로 모든 생명체들에 대하여 자애의 경계 없는/한량없는 마음을 길러야 한다. 전 세계―위로, 아래로, 옆으로(모든 방향으로)―에 대하여 장애도 없이, 싫어함도 없이, 적의도 없이 자애의 경계 없는/한량없는 마음을 길러야 한

다. 서 있을 때나, 걸을 때나, 앉아 있을 때나, 혹은 누워 있
을 때나, 깨어 있는 한 자애의 념처를 행해야 한다. 바로 이
것을 이 세상에서 성스러운 머무름이라고 이른다.[30]

  한량없는 자애의 마음은 모든 대상에 적용되고, 더 나아가
서는 특정의 대상을 넘어 눈에 감지되지 않는 존재와 미래에
태어날 모든 존재에까지 적용된다. 이를 경계 없는/한량없는
자애의 마음을 갖는 사람의 관점에서 보면, 이 마음이 대상의
형태나 상태와 무관하게 자신의 내면으로부터 비롯됨을 의미
한다. 이 마음이 체화되어 성품이 된 것이다. 상황이 어떠하고
대상이 무엇이냐에 상관하지 않고, 항상 자애로운 마음을 쓰
고 자애로운 행위를 할 수 밖에 없는 성품이 된 것이다.

  그런데 자애로운 마음을 쓰고 자애로운 행동을 할 수밖에
없는 성품을 가졌다는 것은 자애가 자애의 대상만을 위한 것
이 아니라는 의미를 담고 있다. 그것은 모든 대상을 위한 것일
뿐만 아니라 자기 자신을 위한 것이기도 하다. 우선 자애의 마
음을 가졌을 때 자신의 마음이 평화롭고 편안하기 때문이다.
다음으로 자애의 마음은 타자의 적의를 해소시켜 타자로부터
우호적인 태도를 이끌어 낸다고 믿고 있기 때문이다. 자애는
타자와의 대립이나 긴장을 화해의 태도로 전환시키고, 적의를
선의로 전환시킨다고 믿어진다. 이렇게 보면 자애는 자신을
이롭게 하는 자리自利적인 것이기도 하다.

  따라서 불교에서의 자비가 이타적이면서 동시에 자리적인

것이듯, 자애의 마음 또한 마찬가지이다. 이타적인 것이면서 동시에 자리적인 것은 타인과 타생명을 보호하기 위한 것이지만 자신을 보호하기 위한 것이기도 하다. 사실 자애의 마음의 첫 수혜자는 자애의 대상이 아니라 바로 자기 자신이다. 초기 불교 전통을 잘 계승하고 있는 스리랑카, 미얀마, 태국 등의 상좌부 불교국가에서 『자애경』이 일종의 호신주로서 애송되는 것도 이러한 맥락에서이다. 경전에서는 자애가 자신에게 주는 이로움을 구체적으로 다음과 같이 열거한다.

비구들이여, 심해탈을 위하여, 자애를 닦고, 배양하며, 반복하여 실천하고, 탈 것으로 삼으며, 토대로 삼고, 확고하게 세우며, 잘 다지고, 잘 취하면 열한 가지 이로움을 기대할 수 있다. 그 열한 가지란 무엇인가? 편안히 잠자고, 편안히 깨어나고, 악몽을 꾸지 않으며, 사람들의 사랑을 받고, 사람 아닌 존재들의 사랑을 받고, 천신들의 보호를 받으며, 불·독약·무기에 의해 해침을 받지 않으며, 마음이 쉽게 삼매에 들며, 얼굴빛이 밝고, 임종 시에도 마음이 혼란하지 않다. 그리고 설령 더 높은 경지를 얻지 못할지라도 범천의 세계에는 이를 것이다.[31]

그런데 청정심으로서 자애의 마음은 보다 포괄적으로는 사무량심四無量心을 갖는 것이다. 자애의 마음은 사무량심 중의 하나인데, 사무량심은 자애심(慈) 이외에 뭇 중생이 고통이 없기를 바라는 자비심(悲), 중생과 함께 기뻐하는 희심(喜), 호오를 떠나 뭇 중생을 차별 없이 동등하게 대하는 평등심(捨)으로서 경계 없는/한량없는 마음[32]을 말한다.

비구들이여, 여기 어떤 사람이 자애를 수반한 마음으로 제1지역에 (그 마음을) 편안하게 하여 머무르고, 제2지역, 제3지역, 제4지역에 대해서도 그렇게 하고, 위로, 아래로, 옆으로, 모든 곳으로 일체의 모든 세계에 대하여, 크고, 광대하고, 무한하고, 친애의, 악의 없는, 자애의 마음을 편만하게 하여 머무른다(나머지 자비심, 희심, 평등심에 대해서도 동일하게 말한다).[33]

사무량심은 특정 대상에 한정되는 마음이나 특정 기간에만 발현되는 마음이 아닌, 모든 대상에 대하여 무차별적으로 갖는 마음이다. 그 마음은 시·공간이나 대상을 먼저 전제하는 것이 아니라, 때·상황·대상의 종류 및 속성과 무관하게 항상적으로 유지되는 마음이다. 그 마음은 특히 대상의 행위방식과 무관하게 유지되는 마음상태이다. 그래서 사무량심은 대상을 위한 마음이면서도 자기수행적인 것이다. 이타적이면서 자리적인 것이다.

중요한 것은 사무량심의 마음이 주어지는 것이 아니라 개발된다는 것이다. 하루아침에 획득되는 것이 아니라, 오랜 시간에 걸친 노력을 통하여 배양되고 길러지는 것, 즉 수행

(bhāvanā)을 통해서 개발되는 것이다.

그런데 사무량심은 그 체득의 정도나 깊이에 있어서 차이가 있다. 예컨대 우리는 한두 번 기분 좋을 때, 좋은 상황에서만, 자신에게 친절한 사람에게만 그러한 마음을 품을 수도 있고, 악조건에서 자신에게 해를 끼치는 사람에게도 항상 그러한 마음을 품을 수도 있다. 사무량심이 튼튼하고 깊다는 것은 항상 조건과 무관하게 자신이 받는 대우와 상관없이 사무량심을 방사할 수 있음을 의미한다. 그 완성점에 이르러서는 항상 그러한 마음을 가질 수밖에 없음을 의미하고, 사무량심을 갖지 않으면 자신이 불편하게 된 상태를 의미한다. 사무량심이 노력에 의해서 나오는 것이 아니라 저절로 나오게 된 것, 즉 사무량심이 자신의 자연스런 성품이 된 것이다.

## 대승불교의 보리심

그런데 지금까지 살펴본 초기불교에서의 심청정은 대승불교에서는 사뭇 다르게 표현된다. 대승에서의 심청정은 초기불교에서와 동일한 의미를 갖는 것이 아니다. 대승의 그것은 사회적 실천행과 관련을 갖는다. 예컨대 대승은 심청정을 강조하면서도 다른 한편으로는 심청정의 사회적 외화로서 불국토의 이념을 강조한다. 주지하다시피 『유마경』의 저 유명한 구절에서는 불교가 추구하는 이상세계인 '정토/불국토를 얻고자 하면 먼저 마음을 청정하게 하라'고 말한다.

보살이 정토淨土를 얻고자 한다면 마땅히 그 마음을 깨끗이 하라. 그 마음이 깨끗해짐에 따라서 불국토도 깨끗해진다.[34]

심청정의 개념을 명시적으로 사회적 실천행에 연결시킨 것은 대승의 특징이다. 심청정의 개념은 직심直心, 심심深心, 보리심菩提心, 진심眞心[35] 등으로도 불리는데, 이것들 중에서 대승의 심청정의 의미를 대표하는 말은 보리심이라고 할 수 있다. 특히 보리심은 초기불교의 심청정에 상응하는 개념으로서, 이 개념의 대승적 발전을 극명하게 드러내 주는 말이다.

대승의 보리심(bodhicitta)을 이해하는 데 있어서, 우선 그것이 초기불교에서의 심청정의 개념과 무엇이 다른지 지적되어야 할 것이다. 초기불교는 개인의 내면 수행으로서 심청정을 강조하고, 그것이 행위로 드러남으로써 자비와 같은 사회적 선을 실천한다고 본다. 그리고 자비의 개념 자체도 개인적·내적 수행의 측면이 강하다. 이와 달리 대승불교는 처음부터 사회적 실천행으로서의 심청정을 강조한다. 초기불교의 심청정의 개념이 내적 수행과 자기 전환적 수행을 강조하고 이를 통한 사회적 실천행으로서 이타利他를 함축한다면, 대승불교의 그것은 이타적인 활동과 타자구제를 통한 직접적 이타행을 강조한다. 초기불교에서 말하는 청정심으로서 사무량심과 비교해볼 때, 대승의 보리심은 '이타성'과 '실천행'을 특징으로 한다.

초기와 대승간 청정심의 차이, 혹은 초기의 사무량심과 대승의 보리심의 차이는 초기불교와 대승에서의 '보살(bodhi-sattva)' 개념의 차이와 합치한다. 즉, 초기불교에서 보살은 '자신의 깨달음을 위해 노력하는 사람'을 의미하지만, 대승에서는 '모든 중생의 깨달음을 위해 자신의 깨달음을 유보하는 사람'을 의미하는 차이가 있다. 일반적으로 대승의 보살이념을 '위로는 깨달음을 구하고 아래로는 중생을 구제한다(上求菩提下化衆生)'고 말하는데, 사실 이 말은 대승보살이 그 무엇보다도 중생구제를 우선한다는 것을 분명히 나타내지 못하고 있다. 다른 한편 초기와 대승간 청정심의 차이는 '자비' 개념의 차이를 반영한다. 즉, 모두 자비를 핵심적 실천이념으로서 가르치지만, 초기는 자신을 이롭게 하는 자리와 타인을 이롭게 하는 이타를 균등하게 고려할 것을 가르치는 반면, 대승은 이타를 더 강조하고 더 우선하며, 이타를 통한 자리의 자비를 가르친다.

이렇게 보면 보리심은 대승불교 고유의 실천이념인 보살 개념과 함께 독창적으로 발전된 개념이다. 흔히 보리심은 '위없는 깨달음을 얻고자 하는 마음'이라고도 설명되지만, 그것은 '뭇 중생으로 하여금 고통에서 벗어나 깨달음을 얻게 하고자 하는 자비의 마음이며 자비의 실천행'이다. 보리심은 서원에 그치지 않는 보살의 실천적 삶 자체이다. 이는 보리심이 마음의 결단으로서의 보리심과 사회적 실천행으로서의 보리심이라는 두 차원으로 이해될 수 있음을 의미한다. 그래서 대승 보살도의 요체를 설파하고 있는 『입보리행론』은 보리심을 찬

탄하면서 보리심을 아예 두 가지로 구별하여 이해한다. 원보리심願菩提心과 행보리심行菩提心이 그것이다.

> 이 보리심을 요약하면 두 가지 유형으로 이해할 수 있는
> 데, 하나는 보리심을 일으키는 마음(원보리심)이고 다른 하
> 나는 보리심을 실천하는 마음(행보리심)입니다.[36]

『화엄경』의 「이세간품」에서는 보리심을 갖는 이유를 열 가지로 열거하는데, 그것들은 직접적으로든지 간접적으로든지 모두 중생구제의 목적으로 귀결된다. 그 열 가지를 살펴보면 다음과 같다. 즉, 보리심을 갖는 것은 1)일체 중생을 교화하고 조복시키기 위해서 2)일체 중생의 괴로움의 덩어리를 없애주기 위해서 3)일체 중생에게 갖추어진 안락을 주기 위해서 4)일체 중생의 어리석음을 끊기 위해서 5)일체 중생에게 부처의 지혜를 주기 위해서 6)모든 부처를 공경하고 공양하기 위해서 7)여래의 가르침에 따라 부처를 환희케 하기 위해서 8)모든 부처 육신의 잘 생긴 모습을 보기 위해서 9)모든 부처의 광대한 지혜에 들어가기 위해서 10)여러 부처의 힘과 두려움 없음을 나타내기 위해서이다.[37]

위 열 가지 중 처음 다섯 가지는 모두 직접적으로 중생구제의 목적을 표방하고 있고, 나머지 다섯 가지 또한 간접적으로 중생구제의 목적을 전제하고 있다. 그 다섯 가지는 모두 부처를 닮고 그와 같은 삶을 살겠다는 의지의 표현이라고 볼 수

있다. 그리고 부처를 닮아 그와 같은 삶을 살겠다는 것의 핵심은 부처처럼 중생구제의 삶을 살겠다는 것을 의미하기 때문에, 나머지 다섯 가지 또한 간접적이기는 하지만 중생구제라는 목적을 전제하고 있다. 요컨대 보리심을 갖는다는 것은 오로지 중생구제의 삶을 살겠다는 것을 의미하는 것이다.

이렇게 보면 보리심은 중생구제라는 보살의 이념과 다른 것이 아니며 보살의 실천이념인 자비와 다른 것이 아니다. 그래서 대승에서는 보리심 또한 보살이나 자비 못지않게 강조하며, 그것을 보살의 필수 조건으로 본다.

(보리심을 포기하는) 그것은 보살이 타락하는 것 가운데서도 중죄이니 이와 같은 일이 일어나면 모든 중생의 이익이 줄어들기 때문입니다. 끝없는 윤회의 고통을 없애고 중생이 불행에서 벗어나기를 바라며 갖가지 행복을 누리고자 한다면 언제나 보리심만은 버리지 말아야 합니다.[38]

더 나아가서 보리심은 중생구제의 이념으로서 거의 절대화된다. 보리심에 의해서만 중생을 안락케 할 수 있으며, 보리심이 아닌 그 어떤 것으로도 악을 조복시킬 수 없으며, 큰 죄를 지은 이도 보리심에 의해서 찰나에 업을 벗는다고 한다.

무량한 세월 동안 (중생의 이로움에 대해) 깊은 사유를 행하신 모든 부처님께서 이 보리심만이 (중생에게) 유익함을 보시고 이것으로 한량없는 중생에게 아주 쉽게 궁극의 안락을 얻게 하셨습니다(1-7). 이처럼 선의 힘은 항상 약하고 강한 악업의 힘은 좀처럼 사라지지 않습니다. 그러니 완전한 보리심이 아닌 그 어떤 선으로도 악을 조복 받을 수는 없습니다(1-6). 무섭고 큰 죄를 지은 자라도 보리심에 의지하면 찰나에 그 업을 벗습니다. 용맹하게 보리심을 일으키면 모든 공포가 사라지니 의식이 있는 자라면 어찌 이것에 의지하지 않겠습니까(1-13).[39]

# 선의 표현으로서의 업

## 선을 표현하는 덕목군들

주지하다시피 불교에 의하면, 인간의 모든 행위는 '업業 (kamma)'으로 총칭되어 불리고, 그것은 세 영역 - 몸행위(身/kāya kamma), 말(口/vacī kamma), 생각/마음(意/mono kamma) - 으로 분류된다. 그리고 앞에서 언급한 것처럼, 이 세 가지 중에서 생각/마음이 다른 두 가지 행위의 바탕 내지 토대가 된다. 생각은 생각 자체로도 행위가 되지만 몸 행위와 말의 전제가 되기 때문에 모든 행위의 바탕인 것이다. 심청정이 선의 원천일 수 있는 까닭도 생각/마음의 이러한 토대성 때문이다. 심청정은 이 자체로서도 선이지만, 이로부터 비롯되는 모든 몸 행위와 말의 선성을 보증하는 것이다.

선은 그것이 어떠한 것이든지 신구의의 행위/업을 통한 선에 속하게 된다. 이 밖에 선을 드러낼 수 있는 다른 범주는 없다. 어떠한 선행이든지 신구의라는 세 가지 범주에 의해서 파악되는 것이다. 그런데 신구의를 통해 선행을 표현할 수 있는 덕목군들은 다양하다.

초기불교에서는 가장 대표적이고 포괄적인 선 행위로서 팔정도(여덟 가지 바른 길)를, 보다 구체적인 기본 실천덕목으로서는 십선업(열 가지 선한 행위)을, 가장 기본적으로 지켜야 할 생활규범으로서는 금지형태의 오계(다섯 가지 덕목)를, 특정 기간 동안의 절제를 위해서는 오계에 세 가지를 더한 팔계(여덟 가지 덕목)를, 사람과 사람 사이의 관계의 방식이나 서로에 대한 도리를 말할 때는 네 가지 포섭적인 덕목인 사섭법을, 모든 대상에 대한 태도 및 행위를 단일 덕목으로 말할 때는 자비를 말한다. 그 구체적인 내용은 다음과 같다.

### 팔정도八正道

1)올바른 견해(正見)로 사성제에 대한 올바른 이해(보다 포괄적으로는 연기, 공, 무아 등의 불교적 세계관에 대한 이해), 2)올바른 생각(正思)으로 항상 이욕을 생각하고 해악이나 상해의 의도를 갖지 않는 것, 3)올바른 말(正語)로 거짓말, 악의적인 말, 불친절한 말, 무의미한 말을 삼가고, 참된 말을 하는 것, 4)올바른 행위(正業)로 살생을 삼가고, 자신에게 주어지지

않는 것을 취하지 않고, 그릇된 성행위를 하지 않고, 술에 취하는 것을 삼가고, 하루에 한 끼를 먹고 밤이나 부적절한 시간에는 먹지 않고, 가무를 삼가고 화환, 향수, 화장품 등으로 치장하지 않고, 높고 넓은 침대의 사용을 삼가는 것, 5)올바른 생계(正命)로 그릇된 생활수단을 피하고 올바른 방식으로 생계를 꾸리는 것, 이득을 위한 거짓말, 아첨, 사기, 탐욕을 버리는 것, 6)올바른 노력(正精進)으로 아직 일어나지 않는 악/불선은 일어나지 않도록 하기 위해서, 이미 일어난 악/불선은 없애기 위해서, 아직 일어나지 않은 선은 일어나게 하기 위해서, 이미 일어난 선은 유지시켜 공고히 하기 위해서 노력하고 분투하는 것, 7)올바른 마음챙김/념처(正念)로 몸이 어떤 자세를 취하든지 알아차리는 것(예컨대 걸을 때 걷고 있다는 것을 알아차리고, 서 있을 때 서 있다는 것을 알아차리고, 앉아 일을 때 앉아 있다는 것을 알아차리고, 누워 있을 때 누워 있다는 것을 알아차리는 것)과 느낌(受), 마음(心), 마음의 대상(法)에 대해서 알아차리는 것, 8) 올바른 집중(正定)으로 마음을 가라앉혀 고요한 상태를 유지하는 것이 팔정도이다.

팔정도는 계戒(3~5), 정定(6~8), 혜慧(1~2)로 압축할 수 있고, 팔정도를 확장하여 말하자면 37가지 깨달음에 이르는 수행법인 37조도품이 된다.

### 십선업十善業

1)생명체를 상해하지 않는 것, 2)자신에게 주어지지 않는

것을 취하지 않는 것, 3)올바르지 않은 성적 욕구를 갖거나 근친상간이나 법을 어기는 성행위를 하지 않는 것, 4)모르는 것을 안다고(혹은 아는 것을 모른다고) 하거나, 보지 않는 것을 보았다고(혹은 본 것을 못 보았다고) 하거나, 자신이나 타인의 이익을 위해 의도적으로 거짓말하지 않는 것, 5)화합을 깨고 싸움을 일으키는 이간시키는 말을 하지 않는 것, 6)마음을 상하게 하는 말, 폭언, 화를 촉발시키는 말 등과 같은 거친 말을 하지 않는 것, 7)무의미한 말, 때에 맞지 않는 말, 비실제적인 말, 무익한 말, 법과 율에 맞지 않는 말, 무가치한 말, 사리에 맞지 않는 말, 들을 가치가 없는 말, 이로움과 무관한 말 등을 하지 않는 것, 8)질투하지 않는 것, 9)악의/적의를 품지 않는 것, 10)잘못된 견해를 갖지 않는 것이 십선업이다.[40] 반대로 이러한 열 가지 행동을 하는 것은 열 가지 악한 행위인 십악업十惡業에 해당한다.

### 오계五戒

1)불살생으로 생명체를 상해하지 않고, 2)불투도로 자신에게 주어지지 않는 것을 취하지 않고, 3)불사음으로 그릇된 성행위를 하지 않고, 4)불망어로 거짓말을 하지 않고, 5)불음주로 마음을 흐리게 하는 술이나 마약 등을 취하지 않음 등이 오계의 내용이다. 오계는 모든 불교도가 항상 지켜야 할 가장 기본적인 도덕규범이다.

### 팔계八戒

오계에 다음의 세 가지를 추가하여 팔계라고 한다. 6)때 아닌 때 먹지 않고, 7)가무를 즐기거나 화장·치장을 하지 않고, 8)사치스런 침상에서 자지 않는다. 팔계는 재가在家 불교도가 특별 수행기간 동안에 지켜야 할 도덕규범이다.

### 사섭법四攝法

1)보시布施는 자신이 가진 것을 함께 나누는 것을 말하고 2)애어愛語는 친절한 말, 3)이행利行은 타인을 이롭게 하는 행동, 4)동사同事는 일을 함께 하는 것(타인의 일을 자신의 일처럼 여기고 함께 하는 것)을 말한다. 사섭법의 빨리어Pāli語 어원을 분석해 보면 '사람과 사람을 함께 맺어주는 토대'라는 의미가 있다. 이는 사섭법이 불교공동체 구현을 위한 기초적인 실천이념임을 의미할 것이다.

자비는 모든 생명체에 대한 존중과 배려를 말한다. 고통과 즐거움을 함께하는 것(동고동락同苦同樂), 혹은 고통을 덜어주고 즐거움을 함께하는 것(발고여락拔苦與樂) 등 불교의 모든 실천덕목을 '자비'로 포괄할 수 있을 것이다. 자비는 불교의 연기·공·무아의 교설에 근거한 필연적 요청으로서 이타만을 위한 것이 아니라 자리를 위한 것이기도 하다. 즉, 연기·공·무아의 세계관이 의미하는 자타동체自他同體의 인식을 전제로 하여 실천되는 자비는 그 기본정신이 자리이타적인 것이다.

대승불교에서는 선행위로서 십선업, 오계, 자비 등을 강조하면서도 다른 한편으로는 보살의 덕목을 제시한다. 모든 대승불교에서 공통적으로 초지일관 강조하고 있는 보살의 실천 윤리는 육바라밀이다. 또한 대승에서는 선이 드러날 수 있는 모든 차원을 삼취정계三聚淨戒라는 범주로 설명한다. 육바라밀이 구체적인 실천덕목의 형태를 제시한 것이라면, 삼취정계는 모든 선을 세 가지 범주로 포괄하여 말한 것이다.

### 육바라밀六波羅蜜

보살이 열반에 이르기 위해서 실천해야 하는 여섯 가지 덕목을 육바라밀이라 한다. 1)보시는 타인에게 나누어 주는 것을 말하며 부처의 가르침을 전달하여 올바른 견해를 갖도록 하는 법보시法布施, 물질적인 것을 보시하는 재보시財布施, 두려움을 없애 마음을 편안하게 해주는 무외보시無畏布施 등으로 나눈다. 또한 2)지계持戒는 계율을 지키는 것, 3)인욕忍辱은 욕됨을 참고 용서하는 것, 4)정진精進은 부처의 가르침에 따라 쉼 없이 노력하는 것, 5)선정禪定은 마음을 가라앉혀 고요한 상태를 유지하는 것, 6)지혜智慧는 존재실상에 대한 이해를 뜻한다.

### 삼취정계三聚淨戒

대승 수행자가 지켜야 할 덕목인 삼취정계는 세 가지 분류 체계로 총칭된다. 1)섭율의계攝律儀戒는 지켜야 할 모든 계율, 2)섭선계攝善戒는 신구의를 통해 실천해야 할 모든 선법, 3) 섭 중생계攝衆生戒는 중생을 이롭게 하는 모든 실천 덕목이다.

　대승불교에서도 초기불교에서 말하는 선의 내용을 공통적으로 인정하지만, 그 독특성과 대표성으로 말하자면 초기불교에서는 팔정도를 꼽고 대승불교에서는 육바라밀을 꼽아야 할 것이다. 초기불교에서는 팔정도를 닦아 열반에 이른다고 반복하여 강조하고, 대승불교에서는 보살의 실천도로서 육바라밀을 반복하여 강조한다. 흥미로운 것은 팔정도도 열반에 이르기 위한 필수적인 실천도이지만 육바라밀도 '열반에 이르기' 위한 실천도/방편으로서 양자가 동일 목표를 갖는다는 것이다. 그 내용상 팔정도와 육바라밀은 이질적이기보다는 중첩적이기도 하지만(육바라밀의 지계, 정진, 선정, 지혜는 각각 팔정도의 올바른 행위, 올바른 노력, 올바른 선정, 올바른 견해에 해당한다), 육바라밀의 보시와 인욕은 팔정도에서는 직접적으로 강조되지 않는 실천덕목으로서 대인 관계적이고 대사회적인 것이다.

　이상과 같은 도덕적 덕목들, 즉 신구의 선행은 그 원천인 심청정의 표현이라는 점에서는 동일하지만, 이들 덕목군들 사이에 어떤 체계적 관계가 있는지는 알 수 없다. 그럼에도 불구하고 이들에 대해서는 다음과 같은 몇 가지를 포괄적으로 말할 수 있다.

　첫째, 한 덕목군의 실천이 다른 덕목군의 일부에 대한 실천을 의미할 수 있다는 것이다. 이는 앞에서 언급한 대로 덕목들 간 중첩성 때문이다. 둘째, 모든 덕목들은 자리이타를 전제하고 있으며, 전 덕목군들을 한 가지 덕목으로 종합하여 말한다면, '자리이타의 자비'라고 할 수 있을 것이다.

심청정이라는 선의 원천이 이처럼 이상의 덕목군들을 매개로 하여 신구의 선행으로 드러난다고 할 때, 선의 형성과 발현 방향은 '마음에서 행위('마음씀'이라는 행위까지 포함하여)로'의 방향이다. 즉, 탐진치의 심불청정의 마음으로부터 신구의 악행이 비롯되고, 무탐진치의 심청정의 마음으로부터 신구의 선행이 비롯된다. 이렇게 보면 선이 습득되어 발현되는 방향은 마음에서 행위로의 일방향이라고 볼 수 있을 것이다.

그러나 실제로는 '행위에서 마음에로'의 방향도 인정된다. 즉, 신구의 선행을 닦음으로써 무탐진치의 마음을 만들어 갈 수 있다는 것이다. 붓다는 선한 습관과 불선한 습관이 각각 무탐진치의 마음과 탐진치의 마음에서 기원한다고 말하면서도 ─마음에서 행위로의 방향을 말하면서도─, 불선한 습관을 어떻게 멸할 것인가라는 물음에 대해서는 '행위에서 마음에로의 방향'을 말한다. 그는 불선한 습관을 멸하기 위해서, 신구의의 불선과 잘못된 생활을 버리고 신구의 선행을 닦고 올바른 생활을 익히라고 한다.

건축사여, 그러면 무엇으로부터 불선한 습관이 남김없이 지멸되는가. 그것들의 그침은 이렇게 말해진다. "여기에 비구가 몸으로 악행을 버리고 몸으로 선행을 닦으며, 말로 악행을 버리고 말로 선행을 닦으며, 생각으로 악행을 버리고 생

각으로 선행을 닦으며, 잘못된 생활을 버리고 올바른 생활로
삶을 이끈다. 여기에서 불선한 습관(akusalāñam sīlānam)이
남김없이 지멸된다."[41]

불선한 습관을 멸하기 위해서 신구의의 불선과 잘못된 생
활을 버리고 신구의 선행과 올바른 생활을 익히라는 것이다.
여기에서 권유하고 있는 바는 악한 마음을 버림으로써 불선의
습관을 없애라는 것이 아니라, 선한 행위에 의해서 불선의 습
관을 없애라는 것이다. 이는 특정 행위의 반복을 통한 새로운
습관형성 - 더 나아가서는 새로운 습관형성에 의한 마음변화
및 형성 - 을 인정한 것이다.

## 마음, 습관, 업

신구의 선의 실천에 있어 심청정이 선의 원천이어서 마음
이 모든 행위의 근본이지만, 다른 한편으로는 행위가 습관을
만들고 마음을 형성하기도 한다고 이해된다. 사실 행위, 습관,
마음, 이 세 가지는 분리할 수 없는 하나라고 보아야 할 것이
다. 특정 행위는 습관 혹은 마음의 산물이면서, 역으로 습관과
마음에 영향을 미쳐 습관과 마음을 변화시킨다. 이러한 관계
방식은 습관이 행위와 마음에 관계하는 방식에 있어서도 마찬
가지이고, 마음이 행위와 습관에 관계하는 방식에 있어서도
마찬가지이다. 더 나아가서 이 세 가지는 동시 발생적, 즉 마

음, 습관, 행위는 연관되어 있고 하나로서 작용하는 것이라 보아야 할 것이다. '행위'를 의미하는 업이라는 말 또한 의미심장하게도 마음과 습관을 전제한다.

'업'과 호환적으로 쓰이는 '행行(saṇkhāra)'이라는 말에도 습관, 반복 등의 의미가 함축되어 있다. '행'은 다의적이어서 난해한 불교용어이지만, 인간 존재를 이루는 오온五蘊의 한 구성요소로서 그것은 성품, 기질, 성향 등을 의미한다. '행'은 '업'과 마찬가지로 동일한 어근 - '행위하다(kṛ) - 에서 파생한 말로 접두사 'sam(함께)'이 붙어 있다. 여기에서 '함께'라는 말은 어근과 함께 서로 다른 행위들을 모아 축적하는 것, 혹은 동일한 하나의 행위를 반복하여 축적하는 것을 함의한다. 다시 말해 '행'은 특정 행위의 축적이나 반복을 통해 형성되는 것이고, 그리하여 '특정의 행위패턴'인 성향이 된다. 신구의 행위에 있어서 특정 행위를 반복함으로써 특정의 성향으로서의 '행'이 형성되며, 그것이 곧 다름 아닌 업인 것이다. 그리고 이러한 '행'을 이루는 바탕은 마음이다.

요컨대 '업'이나 '행'이라는 말은 모두 반복, 습관, 그리고 그 바탕으로서 마음이 전제된 말이다. 업/행, 반복/습관, 마음은 분리할 수 없는 하나로 작용한다고 볼 수 있다. 그리고 이는 불교가 일회적인 선이 아니라 반복을 통한 습관화된 선, 더나아가서는 습관화된 특정의 성품으로서의 선을 지향한다는 것, 그리고 이 모든 선의 바탕이 마음이라는 이해와 상통한다.

## 자아와 업: 자아는 업이다

이상과 같이 마음, 습관, 성향/행으로도 이해되는 업의 가장 큰 특징은 자기 자신에 의해서 형성된다는 것이다. 신구의 행위로서의 업은 과거로부터 현재를 거쳐 미래에 이르기까지 변화 가능한 것이며, 그 변화의 방향과 내용은 바로 자기 자신에 의해 선택·결정된다. 이런 의미에서 불교의 업 개념은 운명론·숙명론적인 것이 아니다. 신구의 특정 행위의 반복에 의해 형성되는 특정 행위패턴으로서의 습관도 자신이 만들고, 습관에 의한 성향, 성격, 혹은 기질도 자신이 만들며, 성향에 의한 운명 또한 자신이 만들기 때문이다. 자신의 현재적 삶, 자신의 정체성, 자신의 운명의 중심은 자기 자신이다. 불교는 개개인이 다양한 조건 ─ 시대·문화·역사·성별 등 ─ 의 영향을 받는다고 보면서도, 다른 한편으로는 그러한 조건 속에서 자아가 어떠한 행위를 선택하고 어떠한 방식으로 선택된 행위를 수행하느냐에 따라 자신의 삶이 결정된다고 본다. 불교는 그 무엇보다도 마음의 결단이나 마음씀, 습관, 성향 등으로서의 업을 강조한다.

업이 자아에 대해서 갖는 이러한 의미는 붓다로 하여금 '인간은 행위이다'라고 생각하게 하는 이유가 된다. '나'라는 존재는 고정되어 있는 그 무엇이 아니라, 세상과 관계하여 특정의 양식으로 생각하고/마음 쓰고, 말하고, 행동하는 하나의 행위패턴일 뿐이다. 간단히 말하자면 인간은 행위일 뿐이다.

'나'는 내가 어떻게 생각하고, 어떻게 말하고, 어떻게 행동하느냐에 따라 규정되어 가고 있는 존재인 것이다. 그래서 나를 규정하는 주체는 바로 자기 자신이다.

이미 의미가 드러났다고 생각되지만, 신구의 행위 혹은 업을 만들어 가는 데 있어서 가장 중요한 것은 마음의 지향성이다. 신구의 업 중에서도 마음·생각·의도·의지가 가장 중요하다. 앞에서 언급했듯이 마음(意)은 자기 자신을 규정하고 새로운 방향을 설정하며 말(口)과 몸행동(身)의 토대가 된다. 신구의 모든 행위에는 마음이 전제된다. 붓다가 '의도(cetanā)'를 업이라고 한 것도 이러한 맥락에서이다. 그는 의도가 있을 때 행위하게 되고 신구의를 매개로 한 행위가 있다고 한다.[42] 모든 행위에는 의도가 전제되고, 의도가 있을 때마다 신구의를 통한 행위가 있으므로 의도가 곧 업인 것이다. 따라서 어떤 의도/마음을 갖느냐가 그 무엇보다도 중요하다. 자신을 규정하는 것은 업이지만, 보다 좁혀서 근원적으로 말하자면 자신을 규정하는 것은 자신이 무엇을 결단하고 마음으로 무엇을 지향하고 있느냐 하는 것이기 때문이다.

마음의 이러한 결단과 지향성은 변화와 진보의 원동력으로서 모든 인간에게 내재되어 있는 힘이다. 그것은 결코 소멸될 수 없는 전환의 힘이다. 이러한 전환의 힘은 자신을 저열한 삶에서 고양된 삶으로 전환시킬 수 있는 힘으로서 어떤 경우에도 사라지지 않는다.

천하의 악인이었던 앙굴리말라Aṅgulimāla의 이야기가 이러한 소멸될 수 없는 전환의 힘을 잘 예시해 준다. 주지하다시피 그는 999명을 죽인 살인자였다. 그는 희생자들의 손가락으로 목걸이를 만들어 걸고 다니면서 1,000명을 채우기 위해 마지막 한 명의 희생자를 찾고 있었다. 그러던 중 그의 소문을 듣고 일부러 그 앞에 나타난 붓다를 만나 자신의 지난 삶을 참회하게 된다. 그는 출가수행하여 결국 깨달은 자인 아라한이 되었다고 한다. 앙굴리말라의 이 이야기는 가장 험악한 인간도 결코 대전환의 불씨를 잃지 않는다는 것, 그리고 그 전환의 불씨를 살려 가장 고귀한 인간으로 거듭날 수 있다는 것을 예시한다.

## 업에 따른 과보: 업의 인과법칙

업이 자아라는 것, 즉 업이 자아를 만든다는 것은 업이 업 자체로 사라지지 않고 그것이 결과를 수반하기 때문이다. 어떠한 행위든지, 신구의의 모든 행위는 예외 없이 결과를 수반한다. 행위에 따른 과보가 있다. 어떠한 미세한 행위도 그것이 수반하는 결과로부터 자유로울 수 없다.

행위의 결과로서 과보는 그 행위가 선하냐 악하냐에 따라 달라진다. 행위가 선하면 좋은 과보를 받고 나쁘면 나쁜 과보를 받는다. 선한 행동에 대해서는 좋은 결과(선인선과善因善果)가 수반되고, 악한 행동에 대해서는 나쁜 결과(악인악과惡因惡果)가 수반된다. 불교에서는 모든 행위가 이러한 도덕적 인과법칙 하에 있다고 본다.

행위의 인과법칙의 기본 공식은 선인선과 악인악과이지만, 현상적으로 볼 때 선한 행위에도 나쁜 결과가 수반되고 악한 행위에도 선한 결과가 수반되는 경우가 있다. 그래서 붓다는 업에 따른 인과법칙을 네 가지 경우로 정리한다. 1)선한 행위에 따르는 좋은 결과(선인선과), 2)선한 행위에 따르는 나쁜 결과(선인악과), 3)악한 행위에 따르는 나쁜 결과(악인악과), 4)악한 행위에 따르는 좋은 결과(악인선과)가 그것이다. 우리에게 문제가 되는 경우는 선한 행위를 해도 나쁜 과보를 받고, 악한 행위를 해도 좋은 과보를 받는 2)와 4)의 경우이다. 즉, 좋은 일을 많이 하며 선량하게 살아도 고난이 연속되는 사람이 있으며, 나쁜 일 많이 하며 악하게 살아도 여전히 좋은 조건에서 살아가는 사람이 있다는 것이다. 그러나 이러한 경우도 결국 1)과 3)법칙, 즉 선인선과 악인악과의 법칙하에 있다는 것이 붓다의 설명이다. 제한된 시간 속에서 그리고 인간 지각의 한계로 인하여 현상적으로 업의 인과법칙에 맞지 않은 것처럼 보일 뿐이라는 것이다.

업의 인과법칙은 윤회의 개념과 함께 이해되어야 하기 때문에, 행위의 인과관계는 먼 과거로부터 먼 미래로 무한히 열려 있다. 업의 인과법칙이 작용하고 있는 기간은 시간적으로 무제한적이다. 업의 인과법칙이 작용하는 시간의 간격이 한정되어 있지 않기 때문에, 현재의 삶의 상황이 과거 어느 행위의 과보인지 알 수 없으며, 또 현재의 행위가 미래 어느 시점에서 과보를 발생시킬 것인지 알 수 없다. 인간의 지각능력으로는 인과관계를 확인할 수 없는 것이다. 이런 점을 감안한다면, 업의 법칙을 위반하는 것으로 보이는 2)와 4)는 인간ー시간적으로 제한된 삶을 살며 제한된 인식능력을 갖는 인간ー에 의해 지각된 현상일 뿐이지, 사실은 업의 법칙을 위반한 것이 아니라고 말할 수 있는 것이다.

이러한 업의 인과법칙은 보통사람에게는 인간행위의 인과응보성 혹은 인과응보적인 정의에 대한 믿음의 문제라고 보아야 할 것이다. 이 법칙은 선악 행위에 따라 합당한 결과가 있다는 믿음이다. 그것은 선악 행위에 대해서 사후에 심판이 따른다는 믿음 대신에 택하는 믿음이다. 그것은 과학적으로 증명되어야 하는 것도 아니다. 붓다에게 있어서 이러한 도덕법칙은 선정에서 개발된 초능력적 감각능력에 의해서 경험된 것이어서 명증적이었지만, 이런 경험이 가능하지 않는 일반 사람에게 있어서 그것은 믿음의 문제일 뿐이다.

업의 인과법칙이 일반인들에게는 믿음의 문제라고 했을 때, 그것은 단순한 가능성으로서의 믿음이 아니라 확실성으로서의 믿음이고, 피상적인 수준의 회의적인 믿음이 아니라 예외를 허용하지 않고 엄격하게 적용되는 절대적인 믿음이다. 즉, 그것은 2)와 4)의 경우를 배제한 1)과 3)에 대한 믿음이며, 악행이든지 선행이든지 그 과보가 없는 경우란 없다는 것에 대한 믿음이다. 업의 인과법칙이 2)와 4)처럼 보일지라도 이는 인간의 감각능력의 한계 때문이라고 생각할 것, 합당한 과보가 시간적으로 지연되고 있을 뿐이라고 생각할 것을 요구한다. 예를 들면 다음과 같다.

　　악한 사람이라고 하더라도 행위의 과보가 아직 나타나지
　　않아서 행복을 누리고 있을 수 있다. 그러나 악업의 결과가
　　나타날 때 그는 엄청난 고통을 받을 것이다. 비록 착한 사람
　　이라고 하더라도, 선행의 과보가 아직 나타나지 않아서 고
　　통을 당하고 있을 수 있다. 그러나 선업의 결과가 나타날 때
　　그는 큰 이익을 향유할 것이다.[43]

　이처럼 업의 인과법칙은 시간적으로 무제한적이지만, 다른
한편으로 그것은 공간적으로도 무제한적이다. 공간적으로 무
한히 열려 있다. 그 까닭은 연기·공·무아의 관점에서 볼 때,
어떠한 존재도 탈관계적이거나 독립적일 수 없으며 한 개체의
행위는 자신뿐만 아니라 다른 모든 존재에게 영향을 미치기
때문이다. 아무리 사소한 행위라고 할지라도 그것은 전 우주
의 존재 혹은 전 우주의 생멸 과정에 영향을 미치기 때문이다.
이러한 공간적 무제한성을 시간적 무제한성과 함께 고려할
때, '나'라는 존재현상은 과거로부터의 무한 '관계'의 산물이
면서 미래로의 '무한' 관계의 원인이다. '나'는 과거에 이미
존재했었던 모든 존재들, 그리고 미래에 존재할 모든 존재들
과 유기적으로 연결되어 있는 하나의 존재현상이다. 현재의
'나'는 과거에 있었던 모든 존재를 나 자신 속에 투영하고 있
으며, 앞으로 존재하게 될 모든 존재들 속에 현재의 나 자신을

투영하게 될 것이다. 이러한 방식으로 나는 연속되어왔고 앞으로도 연속될 것이다.

업의 인과법칙의 시간적 무제한성과 공간적 무제한성은 지금까지 서구의 많은 도덕이론들의 대전제 - 행위의 인과성에 있어서 유한성과 행위의 개별성 - 를 거부한다. 업의 인과법칙의 이 두 속성은 하나의 행위 효과가 무제한적일 뿐만 아니라 무한관계적이라고 본다.

그런데 이러한 도덕적 인과법칙으로서 업설은 주지하다시피 불교만의 고유한 것이 아니다. 그것은 인도 전통에서 독특하게 발전된 현상 전개의 설명원리이자 인간사의 길흉화복에 대한 설명원리이다. 그러나 붓다가 주장하는 업설은 인도 전통의 업설과는 다른 독특성을 갖는다. 그 독특성은 그가 세계에 대한 인간의 역할과 책임, 그리고 자기 자신의 삶과 운명에 대한 자신의 역할과 책임을 무엇보다도 강조한다는 점에 있다. 그리함으로써 붓다의 업설은 수동성, 숙명론, 결정론, 혹은 운명론 등을 피해가고자 한다. 반대로 개개인의 능동성과 자유의지를 강조하고자 한다. 붓다의 업설에서 우리는 과거의 업에 의해 구속받으며 수동적으로 끌려가는 존재로서의 인간이 아닌, 반대로 끊임없이 새로운 업을 선택하고 만들어 가면서 자신의 운명을 스스로 열어 가는 능동적인 존재로서의 인간을 본다. 세계 또한 이러한 인간 행위의 연속이며 결과이고, 인간은 그러한 행위를 통하여 존재하는 것이다.

행위/업에 의해서 세계가 존재하며. 행위/업에 의해서 인
간이 존재하는 것이다.[44]


그런데 '자아는 행위이다'라는 행위에 의한 자아규정, 혹은
행위에 있어서 자아의 능동성이나 자유의지결정성을 강조하
는 불교의 업설은 다른 한편으로는 뭇 존재와의 필연적 관계
성 – 연기·공·무아 – 을 강조하고 있기 때문에, 환경과 같은
자신의 존재조건으로부터 자유로울 수 없다. 즉, 자아의 능동
성과 자유의지결정성은 자신의 존재조건 속에서의 능동성이
며 자신의 존재조건 속에서의 자유의지결정성이라는 뜻이다.

# 선의 구체적 실천지침으로서의 역지사지와 자리이타

앞에서 살펴본 행위에 따른 선인선과 악인악과라는 업의 인과법칙은 왜 우리가 선행을 해야 하는가에 대한 한 가지 이유를 제시한다. 그것은 나쁜 과보를 피하고 좋은 과보를 받기 위해서라는 것이다.

좋은 과보는 일반적으로 세속적인 행복이나 번영과 관계된 것들이다. 이는 불교에서도 마찬가지이다. 업설에 따른 인과 응보를 말할 때, 불교는 그 과보로서 흔히 출생·환경·성별·생김새·재산 등을 변수로 고려한다. 예컨대 전생에 선행을 많이 한 사람이라면 다음 생에서는 가문이 좋은 집안에서, 선호되는 성별로, 보기에 좋은 생김새를 가지고, 유복하게 태어날 수 있다. 그러나 이러한 것, 그 어느 것도 선행의 최상의 과보, 즉 열반에 견줄 만한 것은 아니다. 이러한 것들은 최상의 과보를 얻는 데 오히려 장애가 될 수도 있다. 더 나아가서 이러한 것들은 벗어나고자 하는 윤회의 과정으로서 열반에 배치되는 것들이기도 하다. 그것들은 선행의 일차적 과보로서 중생에 의해서 희구되는 것이지만, 궁극적으로 희구되어야 하는 것은 아니다.

선행에 대한 최상의 과보로서 궁극적으로 희구되는 열반 (nibbāna) – 자유, 깨달음, 해탈, 혹은 행복 – 의 핵심적인 의미는 앞에서 살펴본 '탐진치가 지멸의 청정심/자애의 성품 상태'에 있다. 열반은 존재(현상)에 대한 연기·공·무아적 통찰 속에서 집착과 갈애를 지멸시킨 마음의 상태이기도 하다. 그런데 이러한 열반은 앞에서 말했듯이 하루아침에 문득 얻어지는 것이 아니다. 그것은 자기전환의 간단間斷 없는 꾸준한 노력의 결과로서 얻어진다.

열반을 위한 노력의 내용은 두말할 나위 없이 앞서 예시된 덕목군들 – 팔정도·십선업·오계·팔계·사섭법·자비·육바라밀·삼취정계 등 – 이다. 무탐진치의 자애의 성품으로 체화될 때까지 이러한 덕목들을 익히는 것이다. 이것들을 익힘으로써 얻어지는 최종 결과는 암탉이 계란을 품어 병아리가 나오게 하는 것에 비유될 수 있을 것이다. 즉, 일정시간 꾸준히 적절한 온도로 품어주면 계란에서 병아리가 나올 수밖에 없는 것과 같은 것이다. 이러한 덕목들의 체화를 통해서 자애의 성품이 완성될 때, 계란에서 병아리로 전환되듯이 중생심은 부처의 마음으로 전환된다. 탐진치 지멸의 자애의 성품 상태라는 부처의 마음은 이러한 덕목들에 대한 체화의 필연적 귀결인 것이다.

여기에서 우리는 이들 덕목군들에 대해 보다 평이하고 보편적 형태의 물음, 즉 제시된 덕목군들을 실천한다는 것은 과연 '타인과 다른 생명체와 어떠한 방식으로 관계 맺고 그들을 어떻게 대하라는 것인가'라는 물음을 제기해볼 수 있다. 앞에서 언급한 것처럼 덕목들 모두는 자비라는 하나의 덕목으로 포괄할 수 있으므로, 이 물음에 대한 한 가지 답변은 '자비의 방법으로 관계 맺고 자비롭게 대하라'는 것이다.

그런데 자비의 방법으로 관계 맺고 자비롭게 대하는 지침 내지는 방법으로서 두 가지가 제시된다. 한 가지는 거의 모든 종교와 윤리전통에서 말하고 있는 실천지침이고, 다른 한 가지는 불교 특유의 실천지침이다. 전자는 역지사지易地思之이고, 후자는 자리이타自利利他이다. 역지사지는 '다른 이의 입장에 서서 그가 가장 원하는 것이 무엇인가를 헤아려서 행위하는 것'이고, 자리이타는 '자신에게도 이롭고 타자에게도 이로운 방식으로 행위하는 것'이다.

좀 생각해 보면 알 수 있듯이, 역지사지는 불교만의 원리가 아니다. 거의 모든 종교에서 역지사지를 말한다. 예컨대 유교의 인仁과 기독교의 사랑(agape)의 실천원리 또한 역지사지를 포함한다. 유교의 경우 역지사지의 원리는 소극적 형태와 적극적 형태로 표현된다. 소극적으로는 "자기가 싫어하는 바를 남에게 행하지 말라(己所不欲 勿施於人)"고 한다. 적극적으로는 "자기가 서고자 하는 대로 남도 세워주고, 자기가 이루고자 하는 대로 남도 이루게 하라(己欲立而立人 己欲達而達人)"고 한다. 기독교의 황금률은 "자신이 대접받고 싶은 대로 남을 대접하라" 혹은 "네 이웃을 네 몸처럼 사랑하라"고 말한다. 이처럼 역지사지는 종교윤리뿐만 아니라 상식의 윤리에서도 가장 광범위하게 받아들여지고 있는 실천원리이다.

불교에 있어서 역지사지의 도덕추론 방법을 간추리면 다음과 같은 형태로 나타난다. 우선 '모든 생명체가 나와 마찬가지로 삶과 쾌를 선호하고 죽음과 고를 회피한다'고 하고, 다음으로 '그러니 그들을 상해하지도 말고 괴롭히지도 말라'고 한다.

모두가 매를 두려워하고 모두가 죽음을 두려워한다. (따라서) 자신을 예로 삼아 때리거나 죽이지 말아야 한다. 모두가 매를 두려워하고 모두가 생명을 소중히 여긴다. (따라서) 자신을 예로 삼아 때리거나 죽이지 말아야 한다.[45]

나는 살기를 좋아하며 죽기를 원치 않는다. 나는 쾌를 좋아하며 고를 싫어한다. 누군가가 살기를 좋아하고 죽기를 원치 않으며 쾌를 좋아하고 고를 싫어하는 나의 생명을 앗아간다면 이것은 나에게 유쾌하거나 기쁜 일이 아닐 것이다. 바꾸어서 내가 살기를 좋아하며 죽기를 원치 않으며 쾌를 좋아하고 고를 싫어하는 누군가의 생명을 앗아가는 것은 그에게도 유쾌하거나 기쁜 일이 아닐 것이다. 왜냐하면 나에게 즐겁거나 유쾌하지 않은 상태는 그에게도 또한 그러할 것이기 때문이다. 그런데 어떻게 내가 나에게 즐겁거나 유쾌하지 않은 상태를 다른 이에게 가할 수 있겠는가?[46)

죽음보다는 삶을 좋아하고, 고통보다는 쾌를 좋아하며, 해침받기를 싫어하고 자신의 생명을 소중히 여긴다는 점에서, 나와 타자 혹은 나와 모든 생명체는 동일하다. 이러한 이치를 알고서 모든 생명체를 상해하지 말고 소중히 여기라는 것이다. 그들의 욕구 또한 나 자신과 동일하므로, (내 자신이 그 기본욕구를 존중받고자 한다면) 그들의 기본욕구 또한 존중해야 한다는 것이다.

그런데 불교의 역지사지는 다른 종교전통에서 말하는 역지사지와 구별되는 특징을 갖는다. 그것은 인간 종뿐만 아니라 인간 이외의 종도 포함한 모든 생명체, 즉 감각을 느낄 수 있어서 고통을 회피하고 쾌를 추구하는 모든 생명체에게 예외 없이 적용된다. 일차적으로는 고통에 대하여 어떤 종보다도 섬세하게 반응하는 인간 종, 다음으로는 인간과 거의 같은 정도로 육체적 고통을 느낄 수 있는 동물에 대하여 적용되는 것이다. 더 나아가서 원칙적으로 식물 또한 역지사지의 대상일 수 있다. 그들 또한 성장욕구를 갖는다고 인정될 수 있기 때문이다. 그래서 붓다는 풀, 나무뿐만 아니라 씨앗에 이르기까지 상해하지 말라고 한다.

다음으로 '자비의 방법으로 관계 맺고 자비롭게 대하는' 두 번째 지침인 자리이타는 '자신과 타자를 모두 이롭게 하는 방식으로' 혹은 '타자의 입장과 자신의 입장을 동등하게 배려하는 방식으로' 행위하는 것이다. 즉, 자신과 타자 모두에게 똑같이 유익한 행위를 선택하는 것이다. 이 원리는 붓다가 자신의 아들이었다가 후에 제자가 된 라훌라Rahula에게 준 거울 비유의 가르침에 잘 나타나 있다. 그는 신구의 행위에 앞서서, 신구의 행위를 하는 동안에, 신구의 행위를 한 후에, 그것이 각각 수반하는 결과에 대해 성찰하라고 한다. 마치 거울에 되비추어 보듯이 행위가 자신, 타인, 그리고 자신과 타자 모두에게 고통을 가져올 것인지 혹은 행복을 가져올 것인지에 대해 성찰하라고 한 것이다.

"라훌라야, 어떻게 생각하느냐? 즉, 거울의 용도가 무엇에 있다고 생각하느냐?" "세존이시여, 그것은 되비추어 보는 데 그 용도가 있습니다." "라훌라야, 마찬가지로 몸행동(身)도 되비추어 본 후에 행해야 하며, 말(口)도 되비추어 본 후에 해야 하며, 생각(意)도 되비추어 본 후에 해야 한다. 라훌라야, 네가 행위하고자 할 때, 너는 행동에 대해 이렇게 되비추어 보아야 한다. 즉, '내가 몸으로 하고자 하는 이 행동은 내 자신을 해치거나, 다른 사람들을 해치거나, 양자 모두를 해치는 것은 아닐까? 그것은 악한 몸행동이어서 그 결과도 고통이고 그 과보도 고통이 아닐까?' 되비추어 보아서 만일 '내가 몸으로 하고자 하는 이 행동은 내 자신을 해치거나, 다른 사람을 해치거나, 양자 모두를 해칠 것이며, 그것은 악한 몸행동이어서 그 결과도 고통이고 그 과보도 고통일 것이다'라고 안다면, 너는 그러한 몸행동은 분명히 해서는 안 된다. 그러나 네가 되비추어 보아서 만일 '내가 몸으로 하고자 하는 이 행동은 내 자신을 해치거나 다른 사람을 해치거나 하지 않을 것이며, 그것은 선한 몸행동이어서 그 결과도 쾌/행복이고 그 과보도 쾌/행복일 것이다'라고 안다면 너는 그러한 몸행동을 해도 된다."(이와 같이 몸행동을 '하기 전' 뿐만 아니라 '하는 동안'과 '마친 후'에도 이와 같이 성찰해야 하고, 말과 생각에 대해서도 이와 똑같이 성찰해야 한다고 말한다.)[47]

위 인용문의 핵심 메시지는 '스스로 되비추어 보아' – 행위 동안뿐만 아니라 행위 이전과 종결 후에도 자신의 행동이 자타 모두에게 고통을 가져올 것인지 혹은 행복을 가져올 것인지에 대해서 숙고하여– 자리이타적으로 행위하라는 것이다. 물론 이는 '어떻게 행위하는 것이 자리이타적인가'는 각자가 숙고하고 성찰하면 스스로 알 수 있다는 것을 전제로 한다.

자리이타의 지침은 자신과 타자에 대한 동등한 배려를 말하는 것이기 때문에 원칙적으로 타자만을 위한 극단적 이타주의나 자기만을 위한 이기주의뿐 아니라, 자기희생은 물론 타자희생도 거부된다. 그래서 붓다는 지나친 이타를 위해 자신에게 이로운 것을 무시하지 말라고 한다. 그리고 자신의 이로움이 무엇인지를 이해할 때 참된 이로움을 추구할 수 있다고 본다.

타인의 이로움(attha)에 대한 지나친 배려에 의해서 자신의 이로움을 무시하지 말아야 한다. 자기 자신의 이로움을 이해할 때 그 사람은 참된 이로움을 추구할 수 있다.[48]

그런데 이와 같이 자리와 이타를 동등하게 고려하는 방식으로 행위하라는 입장은 대승불교에 오면 달라진다. 후대에 발전한 대승불교에서는 이타를 우선적으로 고려하라고 한다. 더 나아가서 어떤 경우에는 '자리'를 구하는 것은 대승 보살의 태도가 아니라고도 한다. 이타를 우선하여 고려했을 때만이 그 공덕으로서 진정한 자리가 가능하다는 것이다. 대승의 이러한 입장을 '이타를 통한 자리의 추구'라고 이해하여 이 또한 자리이타가 아니라고 말할 수는 없겠으나, 이 때 '자리'의 추구방법은 초기불교에서 말하는 '자리'의 추구방법과 같지 않다. 역설적이지만 대승의 자리는 자기희생이 전제된 자리이다.

자신을 위해 남을 해치면 지옥 등의 고통을 받을 것이며 남을 위해 자기를 해치면 모든 원만성취를 얻으리라.[49]

자기희생을 통한 자리이타를 추구하느냐, 자기와 타자를 동등하게 배려하는 가운데 자리이타를 추구하느냐는 각자의 선택의 문제일 수 있다. 그러나 일반적으로 보다 설득적인 선택은 자기와 타자를 동등하게 배려하는 자리이타일 것이다. 전통적으로 통념의 도덕은 이타적인 삶이나 자기희생적인 삶을 독려하고 칭송해 왔지만, 예외적인 경우를 제외한다면 자기희생은 독려되거나 정당화될 수 없다. 타자희생을 담보로 한 자기이익의 추구가 비도덕적인 것이라면 자기희생에 의한 타자이익의 추구 또한 비도덕적이어야 할 것이다. 다수의 공리公利라는 이름하에 강제되는 자기희생, 관습적으로 부지불식간에 강제되는 자기희생, 사회적 찬미의 결과로서 훈육된 자기희생 등은 허위의 도덕일 것이다. 도덕의 영역에서 인정될 수 있는 자기희생이 있다면 그것은 진정한 자기숙고나 자율적 결단을 전제해야 할 것이고, 경우에 따라 그러한 자기희생은 어떠한 도덕적 실천보다도 숭고할 수 있다.

여기에서 한 가지 중요하게 지적해야 할 점은 자리이타가 연기·공·무아의 존재실상을 반영하는 실천원리라는 점이며, 연기·공·무아의 한 핵심이 동체同體에 있다는 것이다. 그리고 동체의 관점에서 보면, 자신과 타자, 자리와 이타, 이기주의와 이타주의, 자기희생과 타자희생 등의 이분적 대립개념들은 해체된다. 따라서 초기불교의 '자리와 이타의 균등배려적 자리이타'와 대승불교의 '이타 우선적 자리이타'의 차이도 무의미해진다. 사실 불교의 모든 도덕은 이분적 대립개념의 해체를 전제한다.

그런데 동체성에 근거한 대립적 개념쌍들의 해체는 전통적 세계관, 주류 도덕, 그리고 현대사회의 기본전제들과도 배치된다. 사람들은 대립적·배타적·경쟁적 관계를 전제하는 제도와 규범 속에 살고 있다. 예컨대 현재 우리의 삶을 규정하는 자유주의와 자본주의라는 현실 조건은 윤리적으로는 자리와 이타를 대립적 구도로 설정하고 있으며, 인식적으로는 나와 타자를 대립적으로 규정하고 있다. 사람들 또한 흔히 '남이 잘 사는 것은 내가 못사는 것을 의미하고 내가 잘 사는 것은 남이 못사는 것'을 의미한다고 생각한다. 인식적으로는 나와 너는 독립적 개체일 뿐만 아니라 서로 배타적으로 경쟁해야 하는 관계에 있다고 생각하는 것이다. 현재의 이러한 제도와 관념은 '동체적/이분해체적' 자리이타의 실천에 역행하는 것이다.

# 선의 구현체로서 '선한 성품'

동체적 자리이타의 실천, 혹은 이를 전제하는 모든 도덕덕목들의 실천은 일회적인 것이 아니라 항상적인 것이어야 한다. 즉, 체화되어 선한 '성품(character)'이 되어야 한다. 앞에서 살펴본 것처럼 동체적 자리이타나 모든 도덕덕목들의 실천이 성품이 되었다고 할 때, 그것은 '무탐진치의/청정심의 자애의 성품' 상태에 이르는 것이다.

여기에서 '성품'이 갖는 의미는 강조되어야 한다. '성품'은 인위적인 것이거나 일회적인 것이 아닌, 특정 행위방식의 반복이나 습관화를 통해 자연적인 것으로 굳어진 항상적인 것이다. 그래서 특정의 성품을 가졌다는 것은 자연적으로 특정의 방식으로 행위를 할 수밖에 없다는 것, 즉 욕구들 간 내적 갈

등이나 의도적인 노력 없이 특정의 방식으로 행위하는 것을 의미한다. 이는 불교도덕의 관점에서 말하자면 신구의에 있어서 '자애로울 수밖에 없는 것'을 뜻한다.

'자애로울 수밖에 없는 성품'의 한 특징은 마음의 기능을 감성과 이성으로 양분하지 않는다는 데 있다. 감성과 이성은 함께 작용하는 마음의 기능으로서 똑같이 중요하다. 감성적 기능은 발고여락의 심정을 일으킬 것이며, 이성적 기능은 상황을 이해하고 적합한 자비의 방편을 찾아낼 것이다. 그래서 불교도덕은 도덕을 오직 이성적 명령에 따르는 문제라고 보는 입장과는 거리를 유지하고, 이성과 감성의 조화점에서 도덕을 이해하여 도덕을 '합리적 정서'나 '정서의 합리성'으로 설명하려는 입장과 보다 합치한다. 그런데 자애의 성품에 있어서 감성적 기능과 이성적 기능이 모두 똑같이 중요함에도 불구하고, 감성적 기능이 더 근본적일 수 있다. 왜냐하면 자애의 성품은 타생명에 대한 연민이나 그들이 느끼는 쾌고에 대한 감수성을 근본으로 하기 때문이다.

'자애로울 수밖에 없는 성품'의 무엇보다도 중요한 특징은 이것이 내적 자유를 의미한다는 것이다. 이 자유는 외적 강제로부터 벗어나는 자유 혹은 욕망을 성취하는 자유가 아닌, 내적 속박으로부터 벗어나는 자유, 즉 탐진치라는 중생의 근본 욕망으로부터 벗어난 자유이다.

내적인 자유로서 탐진치 욕망으로부터의 자유는 내 안의 욕구와 싸우고 갈등해야 하는 자유가 아니다. '~로울 수밖에 없다'는 것은 욕구나 본성상 그러한 행위를 할 수밖에 없다는 것을 의미하기 때문에, 나의 욕구에 명령을 내려 강제할 필요가 없다. 자애로울 수밖에 없는 성품은 '도덕적 당위'와 '욕구' 간 내적 갈등을 내포하지 않는 것이다. 요컨대 도덕이 본성이나 욕구와 배치되지 않는다는 것이다. 주지하다시피 칸트에 의하면 도덕은 인간의 본성, 감성, 경향성 등과 배치되는 것이지만, 아리스토텔레스에 의하면 도덕이 반드시 인간 본성과 어긋나야 하는 것이 아니다. 불교도덕은 아리스토텔레스보다도 한 걸음 더 나아가 도덕 안에서 본성과 자유가 일치하는 도덕을 추구한다. 도덕의 완성점에서 자애로울 수밖에 없는 성품은 자신의 욕구나 본성대로 살아도 자비로울 수밖에 없는 것을 의미한다. 이러한 까닭에 어떠한 내적 갈등이나 강제가 포함되지 않는 자유인 것이다.

불교가 추구하는 이러한 자유는 중생이 마음 쓰고 행위하는 방식과 배치되지만, 결단과 노력에 의해서 누구나 성취할 수 있는 것이다. 왜냐하면 그것은 자기 자신만이 관계하는 '내적'인 것이기 때문이다. 만일 그것이 외적 규제나 물리적 힘으로부터의 자유를 의미한다면 그 성취는 누구에게나 보장되는 것이 아닐 것이다. 그러한 자유를 성취하는 문제는 자신만의 노력으로 될 수 있는 문제가 아니기 때문이다. 그러한 자유는 타자를 변화시키고 제도를 변화시키는 문제이기도 해서 외부 의존적인 것이라고 할 수 있기 때문이다. 이와 달리 불교가 추구하는 자유는 오로지 자신의 내적 결단과 내적인 힘에 의해서 스스로 성취할 수 있는 것이다.

이러한 특징을 갖는 '무탐진치/심청정의 자애의 성품'으로서의 자유를 인정하고 추구한다는 것은 그 무엇보다도 현재 우리가 추구하고 있는 욕망에 대한 성찰을 요구한다. 불교는 현재 우리가 추구하고 있는 욕망을 탐진치의 욕망이라고 보고, 그것이 바로 자유와 행복의 장애라고 본다. 그 욕망을 추구하면서 우리가 느끼는 행복은 진정한 행복이 아닌, 고통이나 부자유로 귀결될 수밖에 없는 전도된 행복이라는 것이다. 그래서 불교는 초지일관 욕망, 즉 탐진치의 욕망을 문제 삼고, 그 지멸/심청정 상태에서의 자애의 성품을 강조하는 것이다.

불교적 관점에서 볼 때, 우리를 자유롭지 못하게 하는 것은 그 무엇도 아닌 바로 우리 안의 탐진치의 욕망이다. 그것에 자유를 맡기고 우리는 그 욕망에 의해 이리저리 끌려 다닌다. 그 욕망의 주인으로서가 아니라 그 욕망에 예속된 자로서 우리 스스로가 우리의 자유를 욕망에 반납하고 있는 것이다.

> 누가 욕망(iccha)을 잘 알며 누가 항상 자유롭습니까? (중략) 수행자가 욕망을 잘 알며 수행자가 항상 자유롭습니다. (중략) 무엇이 사람을 이리저리 끌고 다니고 무엇이 세상에서 버리기 어려운 것입니까? 무엇이 족쇄에 걸린 새와 같이 범부를 속박하고 있습니까? (중략) 욕망이 사람을 이리저리 끌고 다니고, 욕망이 세상에서 버리기 어려우며, 욕망이 족쇄에 걸린 새와 같이 범부를 속박하고 있습니다.[50]

# 선의 공성: 선악에 대한 집착을 넘어서

미리말에서 간추렸듯, 지금까지 논의한 내용의 핵심을 우리는 다음과 같이 말할 수 있을 것이다. 불교는 도덕 또한 인간의 입장을 반영하는 마음의 산물이라고 보고 있다는 점에서 '도덕은 객관실재가 아니라 현상에 대한 인간(특정 집단)의 해석'이라고 본 니체의 입장과 상통한다. 또한 선악이 둘이 아니라 연관된 하나라고 본 점에서도 불교와 니체 간의 유사성이 있다. 물론 양자간 이질성 또한 크다. 불교도덕은 선을 추구하는 마음의 능력을 원동력으로 삼아, 선의 원천이 되는 무탐진치/심청정의 상태를 구현하고자 한다. 대표적인 선악의 기준으로서는 탐진치의 유무가 제시되며, 무탐진치의 심청정 상태는 선의 원천으로 간주된다. 심청정은 초기불교에서는 육근수호, 경계 없는/한량없는 자애, 사무량심 등으로 설명될 수 있고, 대승불교에서는 보리심으로 설명될 수 있다. 선은 신구의를 통한 업/행위로 표현되는데, 표현의 방법으로서 다양한 실천덕목군들이 제시된다. 업/행위는 성향/기질로도 이해될 수 있는데, 이때 행위는 마음이나 습관으로부터 분리되지 않고 이들과 함께 하나로서 기능한다. 어떤 의미에서 업은 마음씀이며 습관이다. 모든 행위에는 과보가 따르므로 행위에 따른 선인선과 악인악과의 인과법칙이 행위/업의 법칙이 된다. 선/덕목들의 실천, 타자/뭇 생명체와 관계 맺고 이들을 대하는 방식, 혹은 경계 없는/한량없는 자애를 실천하는 데 있어서, 기본지침은 역지사지와 자리이타이다. 자애를 실천한다는 것, 특히 가장 구체적 수준에서 자애를 실천한다는 것은 이 두 지침을 실천하는 것이다. 즉, 내가 존중받고 싶은 것처럼 타자/뭇 생명체를 존중하고(역지사지), 자신과 타자/뭇 생명체를 동등하게 이롭게 하는 방식으로 행위하는(자리이타) 것이다. 그런데 무탐진치의 심청정 혹은 경계 없는/한량없는 자애의 구현은 일회적인 행위의 문제가 아니라 성품의 문제이다. 신구의를 통하여 도덕적일 수밖에 없는 성품을 형성하는 것이다. 신구의를 통해 자애로울 수밖에 없는 성품이 선구현의 완성점인 것이다. 그리고 이것은 곧 열반/자유를 의미한다.

이제 마지막으로 지금까지 말해온 '선의 속성'에 대해서 생각해보자. 지금까지 말해온 '선'은 내용적인 것이었고 규범적인 것이었다. 그것은 구체적으로 무엇을 어떻게 실천할 것인가,

어떻게 몸으로 행위하고 말하고 생각할/마음 쓸 것인가에 대한 문제였다. 이제 관점을 달리하여 메타적인 관점에서 이러한 방식으로 구명되어 온 선의 속성에 대해 생각해 보고자 한다.

불교에서 선―그리고 그 대응개념으로서 악―은 고정적이고 불변적인 것이 아니다. 모든 관념과 현상이 그러하듯이, 선 또한 공한 것이다. 선이 관념의 형태로 파지되든지, 아니면 개별 사건의 형태로 파지되든지, 선 또한 모든 유·무형의 존재 현상처럼 공한 것이다. 지금까지 논의해온 선에 관한 모든 개념과 내용은 '공空'을 그 본질적 속성으로 하고 있다. 선의 대립 개념인 악도 마찬가지이다.

그러면 '선이 공하다'는 것은 구체적으로 무엇을 의미하는가? 이 물음에 답하는 것은 제1장에서 언급된 니체적 의미에서의 '선악을 넘어서'에 대한 불교적 응답이기도 하다. 또한 이 물음에 답하는 것은 '선악은 둘이 아니다(선악불이善惡不二)'에 대한 설명이기도 하다.

'선이 공하다'는 것은 선이 악과의 관계에 있어서 최소한 다음과 같은 세 가지 속성을 갖는다는 것을 의미한다. 첫째, 선과 악은 연속적이며 양자 간에는 분명한 경계가 없다는 것이다. 둘째, 선과 악은 상호규정적이라는 것이다. 셋째, 선과 악은 상황의존적으로 발생한다는 것이다. 우리는 이 세 가지 속성을 가리켜서 각각 선악의 무경계성, 선악의 상호규정성, 선악의 상황의존성이라고 이름 붙일 수 있을 것이다.

선이 공하다는 첫 번째의 의미, 즉 선과 악이 연속적이며 양자 간에는 분명한 경계가 없다는 것은 특히 니체의 선악관과 흡사한 점이 있다. 제1장에서 살펴본 것처럼 니체는 선과 악을 구분되지 않는 하나라고 보고 선악의 절대적 이분을 해체시킨다. 불교에서는 동일한 메시지를 다만 표현을 달리하여 '선악이 둘이 아니다' 혹은 '선악이 함께 더불어 있다'라고 할 뿐이다.

'선악이 둘이 아니다'고 말하는 경전은 재가불자를 주인공으로 삼고 있는 저 유명한 대승경전 『유마경』에서이다. 이 경전의 불이품不二品에서 선악은 경험적으로는 둘이지만 그 실상은 둘이 아니라고 한다. 더러운 것과 깨끗한 것, 선과 불선/악, 죄와 복 등이 '둘이 아니다(不二)'라고 한다. 더 나아가서 경험 세계에서는 선과 악을 대립적인 것으로 여기고 있으나 불이적 관점에서 보면 이 둘은 평등하다고 한다. 선악의 관계를 불이, 비대립, 평등 등의 말로 서술함으로써 선과 악의 경계를 해체시키고 있는 것이다. 선과 악은 이분적인 것도, 차별적인 것도, 대립적인 것도 아닌, 연속적인 하나라는 것이다.

더러운 것과 깨끗한 것이 두 가지이다. 더러움(垢)의 실제 성질을 보면 깨끗함(淨)이 없듯이 형상(相)이 멸하는 데서 형상이 따른다. 이것이 불이법문에 들어가는 것이다. (중략) 선과 불선이 두 가지이다. 선과 불선을 일으키지 아니하면 형상이 없는 데 들어가 통달하게 된다. 이것이 불이법문에 들어가는 것이다 (중략) 죄와 복이 두 가지이다. 죄의 속

성을 통달하면 복의 속성과 다르지 아니하니 금강의 지혜로
서 이 형상을 분명하게 알아버리면, 속박과 해탈도 없다. 이
것이 불이법문에 들어가는 것이다.[51]

이와 유사하게 선불교의 대표적 경전 『육조단경』에서는
'선악이 함께 더불어 있다'고 말한다. 선악이 함께 있다고 말
함으로써 선과 악의 경계를 해체시키고 있는 것이다. 인간과
인간 아닌 모든 존재에 있어서 선악이 함께 있으며, 따라서 선
과 악 중에서 어느 한 가지를 분리시켜 버릴 수가 없다고 한
다. 모든 것이 공하여 하나이며 선악 또한 마찬가지라고 한다.

모든 사람뿐만 아니라 사람 아닌 것을 보면, 악이 선과
함께 있고 악법과 선법이 다 (서로를) 버리지 않고 (서로를)
물들일 수 없다. 허공과 같으므로 이것을 이름하여 크다고
하니 이것이 곧 큰 행위이다.[52]

이처럼 유명한 저 두 경전에서 말하고 있듯이, 선악이 분리
될 수 없는 하나라는 것, 즉 선악 사이에는 이분적 경계선이
없어서 연속적이라는 것은 우리가 선과 악을 함께 '긍정'할
수밖에 없음을 의미한다. 악을 행하고 옹호하라는 의미에서의
긍정이 아니라, 악을 배척·단죄의 대상으로서가 아니라 포용
하여 선으로 이행시킨다는 의미에서의 긍정이다. 이러한 선과
악의 관계는 변증법적 지양관계로 볼 수 있을 것이다. 이러한

관계는 깨침(悟)과 미혹(迷) 혹은 부처와 중생이 상극적인 것이 아니라 상호교섭하면서 깨침과 부처를 지양해야 하는 것과 같다. 부처가 열반에 이르렀음에도 거기에만 머무르지 않고 중생의 윤회의 과정에 참여하듯이, 선인이 선에만 머무르지 않고 방편으로써 악에 참여해야 하는 것이다. 부처의 윤회에의 참여가 열반을 잃게 하거나 훼손시키는 것이 아니듯이, 선의 악에의 참여도 선을 부정하거나 약화시키는 것이 아니다. 선의 악에의 참여는 열반이 윤회에 참여하여 윤회를 열반으로 전환시키듯이, 악을 선으로 전환시키는 참여인 것이다.

선이 공하다는 두 번째 의미, 즉 선과 악이 상호규정적이라는 것은 선악이 서로 독립적으로 발생되고 규정되는 것이 아니라 상호적으로 영향을 미치면서 서로를 규정한다는 것을 의미한다. 그것은 선으로 인하여 악이 있을 수 있고, 악으로 인하여 선이 있을 수 있다는 것을 의미한다. 『육조단경』에서는 선악을 의미하는 청탁淸濁뿐만 아니라 범성凡聖, 사정邪正, 번뇌와 보리 등 서른여섯 가지 대립적인 법들(對法)이 서로가 서로를 있게 한다고 한다. 마치 밝음과 어둠이 서로를 있게 하듯이.

어둠은 스스로 어둡지 못하고 밝음이 있는 까닭으로써 어둡다. 어둠은 스스로 어둡지 못하고 밝음으로써 어둠을 변화시키고 어둠으로써 밝음을 드러나게 한다. 오고 감이 서로 원인이 되는 것이다. 서른여섯 가지 짝 또한 역시 이와 같다.[53]

선이 공하다는 세 번째의 의미, 즉 선악이 상황의존적으로 발생한다는 것은 선악이 상황 속에서 발생하는 것이지 상황과 무관하게 혹은 상황과 독립적으로 발생하는 것이 아니라는 것을 의미한다. 선악은 맥락이나 상황을 떠나 있는 것은 아니다. 선악의 근원을 따져보면, 선악이 어떤 현상/사건 이전에 관념이나 개념으로서 주어져 있는 것은 아니다. 선악은 인간의 존재상황과 함께 발생하고 존재상황과 함께 소멸한다. 따라서 선악은 고정되어 있는 것도 아니고 불변의 법칙하에 있는 것도 아니다. 그것은 인간 존재에 앞서서, 혹은 인간의 삶에 앞서서 절대자의 명령이나 선험적 법칙의 형태로 주어진 것이 아니다. 그것은 가변적인 삶의 조건을 반영하며 정해지는 것이다.

그런데 선악이 상황의존적이며 절대적이 아니라는 말은 선악이 '전적으로' 상대적이라는 것은 아니다. 일정한 선의 이념은 고정되어 있되 그 이념의 내용과 표현형태가 상황에 따라 달라질 수 있다는 말이다. 시대·전통·관습·동기·행위 등의 변수로 이루어진 도덕의 상황 안에서 선악의 구체적 내용과 표현방식이 달라질 수 있다는 것이다. 그래서 불교도덕에서 신구의 청정이나 자비라는 선의 이념은 고정적으로 남아 있으나, 그 표현 내용이나 방식에 있어서는 상황에 따라 달라질 수 있는 것이다. 이는 인류의 역사에서 정의·사랑·우애 등의 도덕이념이 문화와 시대에 따라 그 구체적 내용이나 표현을 달리 해온 것과 마찬가지이다.

살펴본 것처럼 불교에서는 선/선악은 공하다고 본다. 그것은 탈경계적/연속적이고, 상호규정적이며, 상황의존적이라고 이해된다. 이는 매 상황이나 매 순간마다의 독특한 선악이 있을 수 있음을 의미한다. 즉, 이는 어떤 경우에도 고정적이고 불변의 형태로서 선악이 있을 수 없음을, 그리고 어떤 동일한 선도 어떤 동일한 악도 존재할 수 없음을 의미한다. 모든 개별적 선악이 고유한 것이다. 선악 또한 모든 존재와 마찬가지로 고정된 형태가 없이 무상無相한 것이다. 또한 선악은 모든 존재와 마찬가지로 영속적일 수 없고 가변적인 것이어서 무상無常한 것이다. 따라서 이러한 속성을 가진 선악에 대해서 요청되는 태도는 다른 모든 무상無相하고 무상無常한 존재들에 대해서 그러하듯이 집착(upādāna/attachment)을 버리는 것, 즉 선에 대해서도 악에 대해서도 집착하지 않는 것이다.

그래서 불교가 선악의 속성에 대한 성찰 연후에 선악에 대하여 최종적으로 던지는 메시지는 '선에 대해서도 악에 대해서도 집착하지 말라'는 것이다. 중요한 것은 이 말이 선과 악의 구별을 부정하는 말도 아니며, 선악에 대해 무분별적으로 행위하라는 말도 아니라는 것이다. 이 말은 반대로 매순간 상황에 맞게 선을 분별해 내고 선에 따라 행동하라는 의미이다. 한 마디로 선의 속성에 맞게 선을 파악하고 실천하되 집착하지는 말라는 것이다. 선에 대해 집착한다면 선의 속성/공성에 합치하는 태도도 아닐 뿐더러 그것은 윤회적 태도일 뿐이기 때문이다. 집착이 전제된 선은 속박·부자유·윤회의 다른 이름

일 뿐으로서 진정한 선의 실천일 수 없다. '집착은 속박이며 무집착은 해탈'이라는 불교의 핵심이 선에 대해서도 똑같이 적용되는 것이다.

# 주

1) 니체, 김훈 옮김, 『선악을 넘어서』, 청하, 1982, p.95.

2) 니체, 송무 옮김, 『우상의 황혼』, 청하, 1984, p.57.

3) 니체, 김훈 옮김, 위의 책, p.155.

4) 같은 책, p.27.

5) 니체, 강대석 옮김, 『차라투스트라는 이렇게 말했다』, 한얼미디어, 2005, p.452.

6) 같은 책, pp.63-64.

7) 니체, 김훈 옮김, 위의 책, p.28.

8) 같은 책, p.162.

9) 같은 책, p.61.

10) 같은 책, p.60.

11) 같은 책, p.28.

12) 같은 책, pp.112-113.

13) 같은 책, p.149.

14) 같은 책, p.28.

15) 같은 책, p.107.

16) *Samyutta-nikāya* 1, 1976, p.39.

17) Nyanaponika Thera, *The Heart of Buddhist Meditation*, Rider & Co. Ltd, 1962, pp.34-45.

18) 恭聞 人因地而倒者 因地而起 離地求起 無有是處也 迷一心 而起無邊煩惱者 衆生也 悟一心而起無邊妙用者 諸佛也 迷悟 雖殊 而要由一心 則離心求佛者 亦無有是處也(지눌, 『勸修定 慧結社文』, 『韓國佛敎全書』 4책, 698a).

19) 自性迷佛卽衆生 自性悟衆生卽是佛(『六祖大師法寶壇經』(『大 正新脩大藏經』 48권), 341b)

20) 불교에서는 모든 번뇌와 고통의 근원을 탐진치(탐욕·성냄/미워함·어리석음)로 본다. 중생을 중생 상태에 머무르게 하는 것도 이 탐진치이다. 그래서 불교의 모든 수행의 지향점은 이 탐진치를 다스려서 지멸시키는 데 있으며, 불교가 추구하는 세계 또한 탐진치 지멸의 세계이다.

21) *Aṅguttara-nikāya* V, pp.9-10.

22) 불교에서는 인간 행위를 신구의身口意(몸·말·뜻)로 분류·총 괄한다. 인간의 어떠한 행위이든지 신구의 셋 중에 하나에 속 하게 된다. 그런데 불교에서는 의(마음씀, 뜻, 생각)를 특별히 중요하게 생각한다. 의가 다른 두 가지 신(몸행동)과 구(말)의 근거가 되고, 모든 변화가 마음으로부터 시작된다고 보기 때 문이다. 또한 불교에서는 주체는 존재하지 않지만 행위와 그 과보만은 존재한다고 보는데, 이는 인간과 세계가 행위/업에 의해 전개된다고 보기 때문이다. 불교적 관점에서 보면 행위 만이 실재한다고 말할 수 있다.

23) 여기에서 '그들'은 세계, 현상, 혹은 오온. *Dhammapada* 1송.

24) *Majjhima-nikāya* II, pp.26-27.

25) *Saṃyutta-nikāya* IV, pp.198-199.

26) *Saṃyutta-nikāya* IV, pp.184-185.

27) *Saṃyutta-nikāya* IV, p.186.

28) *Sutta-nipāta*, 149-151송.

29) *Sutta-nipāta*, 146-147송.

30) *Sutta-nipāta*, 149-151송.

31) *Aṅguttara-nikāya* V, p.342.

32) 자애심(慈, mettā)-자비심(悲, karuṇā)-희심(喜, mudita)-평등심 (捨, upekkhā)의 사무량심四無量心(catu-appamāna-manas)은 네 가지 '마음을 갖는 데 있어서 경계를 두지 않는다'는 의미에 서, 그리고 '그 마음을 주는 정도에 있어서 한계가 없다'는 의 미에서, '경계 없는/한량없는(appamāna)' 마음이다. 어떤 대상 에 대해서든지 경계를 두지 않고 한량없이 주는 것이다.

33) *Aṅguttara-nikāya* II, pp.128-129.

34) 若菩薩欲得淨土當淨其心 隨其心淨則佛土淨(『維摩詰所說經』 (『大正新脩大藏經』14권, 538c)).

35) 예컨대 『유마경』에서는 직심, 심심, 보리심 등을 보살정토라 고 하고, 『육조단경』에서는 진심을 정토라고도 한다.

36) 청전 옮김, 『입보리행론』, 하얀연꽃, 2004, 1장 15송.

37) 법정 옮김, 『신역 화엄경』, 동국대학교 역경원, 1988, p.196.

38) 청전 옮김, 위의 책, 4장 8송, 1장 8송.

39) 인용 부분은 모두 『입보리행론』.

40) *Aṅguttara-nikāya V*, pp.264-265.

41) *Majjhima-nikāya II*, 1976, p.26.

42) *Aṅguttara-nikāya III*, p.415.

43) *Dhammapada*, 119-120송.

44) *Sutta-nipāta*, 654송.

45) *Dhammapada*, 129-130송.

46) *Saṁyutta-nikāya V*, p.353.

47) *Majjhima-nikāya I*, pp.415-416.

48) *Dhammapada*, 166송.

49) 청전 옮김, 위의 책, 8장 126송.

50) *Saṁyutta-nikāya I*, pp.44-45.

51) 垢淨爲二 見垢實性則無淨 相順於滅相 是爲入不二法門 (중략) 善不善爲二 若不起善不善 入無相際而通達者 是爲入不二法門 (중략) 罪福爲二 若達罪性則與福性無異 以金剛慧決了此相無縛無解者 是爲入不二法門 『維摩詰所說經』(『大正新脩大藏經』 14권, 550c).

52) 見一切人及非人惡知與善 惡法善法盡皆不捨 不可染著 由如虛空 名之爲大 此是摩訶行 『六祖大師法寶壇經』 『大正新脩大藏經』 48권, 339c-340a).

53) 暗不自暗 以明故暗 暗不自暗 以明變暗 以暗現明 來去相因 三十六對亦復如是 (『六祖大師法寶壇經』 『大正新脩大藏經』 48권, 343c).

# 참고문헌

니체, 강대석 옮김, 『차라투스트라는 이렇게 말했다』, 한얼미디어, 2005.

_____, 김훈 옮김, 『선악을 넘어서』, 청하, 1982.

_____, 송무 옮김, 『우상의 황혼』, 청하, 1984.

법성 옮김, 『신역 화엄경』, 동국대학교 역경원, 1988.

지눌, 『勸修定慧結社文』, 韓國佛敎全書 제4책, 1982.

청전 옮김, 『입보리행론』, 하얀연꽃, 2004.

『菩提行經』, 『大正新脩大藏經』 32권.

『維摩詰所說經』, 『大正新脩大藏經』 14권.

『六祖大師法寶壇經』, 『大正新脩大藏經』 48권.

*Aṅguttara-nikāya*, PTS, 1976.

*Dhammapada*, PTS, 1976.

*Majjhima-nikāya*, PTS, 1976.

Nyanaponika Thera, *The Heart of Buddhist Meditation*, Rider & Co. Ltd, 1962.

*Saṃyutta-nikāya*, PTS, 1976.

*Sutta-nipāta*, PTS, 1976.

# 불교의 선악론

| | |
|---|---|
| 펴낸날 | 초판 1쇄 2006년 9월 30일 |
| | 초판 3쇄 2013년 7월 31일 |

| | |
|---|---|
| 지은이 | 안옥선 |
| 펴낸이 | 심만수 |
| 펴낸곳 | (주)살림출판사 |
| 출판등록 | 1989년 11월 1일 제9-210호 |

| | |
|---|---|
| 주소 | 경기도 파주시 문발동 522-1 |
| 전화 | 031-955-1350  팩스 031-624-1356 |
| 기획 · 편집 | 031-955-4662 |
| 홈페이지 | http://www.sallimbooks.com |
| 이메일 | book@sallimbooks.com |

| | |
|---|---|
| ISBN | 978-89-522-0561-2  04080 |

## 384 삼위일체론    eBook

유해무(고려신학대학교 교수)

기독교에서 믿는 하나님은 어떤 존재일까? 성부 하나님과 성자 예수, 그리고 성령이 계시며, 이분들이 한 하나님임을 이야기하는 삼위일체론은 기독교 교회가 믿고 고백하는 핵심 교리다. 신구약 성경에 이 교리가 어떻게 나타나 있으며, 초기 기독교 교회의 예배와 의식에서 어떻게 구현되었고, 2천 년 동안의 교회 역사를 통해 어떤 도전과 변화를 겪으며 정식화되었는지를 일목요연하게 정리했다.

## 315 달마와 그 제자들    eBook

우봉규(소설가)

동아시아 불교의 특징은 선(禪)이다. 그리고 선 전통의 터를 닦은 이가 달마와 그에서 이어지는 여섯 조사들이다. 이 책은 달마, 혜가, 승찬, 도신, 홍인, 혜능으로 이어지는 선승들의 이야기를 통해 선불교의 기본사상을 이해하도록 돕는다.

## 041 한국교회의 역사    eBook

서정민(연세대 신학과 교수)

국내 전체인구의 25%를 점하고 있는 기독교. 하지만 우리는 한국 기독교의 역사에 대해서 너무나 무지하다. 이 책은 한국에 기독교가 처음 소개되던 당시의 수용과 갈등의 역사, 일제의 점령과 3·1운동 그리고 6·25 전쟁 등 굵직굵직한 한국사에서의 기독교의 역할과 저항, 한국 기독교가 분열되고 성장해 왔던 과정 등을 소개한다.

## 067 현대 신학 이야기    eBook

박만(부산장신대 신학과 교수)

이 책은 현대 신학의 대표적인 학자들과 최근의 신학계의 흐름을 해설한다. 20세기 전반기의 대표적인 신학자인 칼 바르트와 폴 틸리히, 디트리히 본회퍼, 그리고 현대 신학의 중요한 흐름인 해방신학과 과정신학 및 생태계 신학 등이 지닌 의미와 한계가 무엇인지를 친절하게 소개하고 있다.

## 099 아브라함의 종교 유대교|기독교|이슬람교

eBook

공일주(요르단대 현대언어과 교수)

이 책은 유대교, 이슬람교, 기독교가 아브라함이라는 동일한 뿌리에서 갈라져 나왔다는 점에 주목한다. 저자는 이를 추적함으로써 각각의 종교를 그리고 그 종교에서 나온 정치적, 역사적 흐름을 설명한다. 이스라엘과 팔레스타인으로 대변되는 다툼의 중심에는 신이 아브라함에게 그 땅을 주겠다는 약속이 있음을 명쾌하게 밝히고 있다.

## 221 종교개혁 이야기

eBook

이성덕(배재대 복지신학과 교수)

종교개혁은 단지 교회사적인 사건이 아닌, 유럽의 종교 · 사회 · 정치적 지형도를 바꾸어 놓은 사건이다. 이 책은 16세기 극렬한 투쟁 속에서 생겨난 개신교와 로마 카톨릭 간의 분열을 그 당시 치열한 삶을 살았던 개혁가들의 투쟁을 통해 보여 주고 있다. 마르틴 루터, 츠빙글리, 칼빈으로 이어지는 종파적 대립과 종교전쟁의 역사들이 한 편의 소설처럼 펼쳐진다.

## 263 기독교의 교파

남병두(침례신학대학교 교수)

하나의 교회가 역사적으로 어떻게 다양한 교파로 발전해왔는지를 한눈에 보여주는 책. 교회의 시작과 이단의 출현, 신앙 논쟁과 이를 둘러싼 갈등 등이 파노라마처럼 펼쳐진다. 사도행전에 나타난 교회의 시작과 이단의 출현에서부터 초기 교회의 분열, 로마가톨릭과 동방정교회의 분열, 16세기 종교개혁을 지나 18세기의 감리교와 성결운동까지 두루 살펴본다.

## 386 금강경

곽철환(동국대 인도철학과 졸업)

『금강경』은 대한불교조계종이 근본 경전으로 삼는 소의경전(所依經典)이다. 『금강경』의 핵심은 지혜의 완성이다. 즉 마음에 각인된 고착 관념이 허물어져 어디에도 집착하지 않는 상태를 말한다. 이 책은 구마라집의 『금강반야바라밀경』을 저본으로 삼아 해설했으며, 기존 번역의 문제점까지 일일이 지적해 독자들의 이해를 돕고자 했다.

## 013 인도신화의 계보 eBook

류경희(서울대 강사)

살아 있는 신화의 보고인 인도 신들의 계보와 특성, 신화 속에 담긴 사상과 가치관, 인도인의 세계관을 쉽게 설명한 책. 우주와 인간의 관계에 대한 일원론적 이해, 우주와 인간 삶의 순환적 시간관, 사회와 우주의 유기적 질서체계를 유지하려는 경향과 생태주의적 삶의 태도 등이 소개된다.

## 309 인도 불교사 붓다에서 암베드카르까지 eBook

김미숙(동국대 강사)

가우타마 붓다와 그로부터 시작된 인도 불교의 역사를 흥미롭고도 일목요연하게 정리한 책. 붓다가 출가해서, 그를 따르는 무리들이 생겨나고, 붓다가 생애를 마친 후 그 말씀을 보존하기 위해 경전을 만드는 등의 이야기들이 한눈에 들어온다. 또한 최근 인도에서 다시 불고 있는 불교의 바람에 대해 소개한다.

## 281 예수가 상상한 그리스도

김호경(서울장신대학교 교수)

예수가 그리스도라는 것은 어떤 의미인가? 이 책은 신앙적 고백과 백과사전적 지식 사이에서 현재 예수 그리스도가 가진 의미를 묻고 있다. 저자는 이러한 문제의식을 바탕으로 예수가 보여준 질서와 가치가 우리와 얼마나 다른지, 그를 따르는 것이 왜 우리에게 익숙하지 않은 일인지를 보여주고 있다.

## 346 왜 그 음식은 먹지 않을까 eBook

정한진(창원전문대 식품조리과 교수)

세계에는 수많은 금기음식들이 있다. 유대인과 이슬람교도들은 돼지고기를 먹지 않고, 힌두교도의 대부분은 소고기를 먹지 않는다. 개고기 식용에 관해서도 말들이 많다. 그들은 왜 그 음식들을 먹지 않는 것일까? 음식 금기 현상에 접근하는 다양한 방식을 통해 그 유래와 문화적 배경을 살펴보자.

eBook 표시가 되어있는 도서는 전자책으로 구매가 가능합니다.

㈜**살림출판사**

www.sallimbooks.com

주소 경기도 파주시 문발동 522-1 | 전화 031-955-1350 | 팩스 031-955-1355